日本はこの先どうなるのか

髙橋洋一

GENTOSHA

まえがき

日本はこの先どうなるのか――これは多くの日本人が知りたいことに違いない。

世界に目を向けると、イギリスのＥＵ離脱、欧州への移民大量流入問題、崩壊寸前の中国経済、アメリカに過激な大統領候補が登場……と、かつてないほど問題が山積しているように見える。

一方で、日本も似たり寄ったりの状況だ。年金問題やマイナス金利、財政破綻問題やアベノミクス失敗論、さらに日本の戦争リスク等々、挙げればきりがない。

さまざまな問題についてデータに基づく分析を重視する筆者は、感情や印象でものを語ることが嫌いだ。データに基づかなければ、議論する意味はまったくないとすら思っている。

しかしながら日本のマスコミ、そして学者や識者のほとんどは、感情や印象ばかりで語っているというのが現実だ。

したがって、一般の人々が「日本や世界で本当に起こっていることは何か」を知る機会はほとんどないと言っても過言ではない。

そこで本書では、日本で起きているさまざまな問題に焦点を当て、データをもとに解説している。データは嘘をつかない。自慢ではないが、筆者の意見は必ずデータに基づいているし、予測が大きく外れることもほとんどない。

現在、ほとんどの日本人が将来に不安を抱いていることと思う。

しかし、である。大半の人がマスコミの煽《あお》りを真に受けてしまい、必要以上にあたふたし、本当になすべきことをしていない、というのが筆者の所感である。

本書により、一人でも多くの人が、間違いだらけの新聞やテレビに振り回されず、日本の正しい現実を認識することができたら、著者としてこの上ない喜びである。

2016年7月

髙橋洋一

日本はこの先どうなるのか

目次

第1部 日本で本当は何が起きているのか

参院選で勝利を収めた自民党は日本を変えられるか

イギリスのEU離脱で日本はどうなるか

マイナス金利は今後、日本経済にどう影響するか

諸悪の根源は消費増税である

中国経済の減速は疑いようがない

日本の財政は悪くない

アベノミクスに終わりはない

第2部 日本が戦争に巻き込まれない最も確実な方法

日本の周囲は戦争リスクに満ちている!

平和を実現することは可能なのか

そもそも集団的自衛権とは何か

第1部

日本で本当は何が起きているのか

参院選で勝利を収めた自民党は日本を変えられるか

民進党が犯した致命的なミス

２０１６年７月10日に第24回参議院議員通常選挙の投開票が行われ、大方の予想どおり、自民党が勝利を収めた。

選挙直前の新聞各紙による獲得議席数の予想は、自民党が56～60、公明党が14、民進党が27～30、共産党が７～10、おおさか維新の会が６～８といったところで、実際には、自民党が56、公明党が14、民進党が32、共産党が６、おおさか維新の会が７などとなった。

これにより、憲法改正に前向きなおおさか維新の会などを加えた、いわゆる「改憲勢力」の４党が、参議院（定数２４２）の３分の２（１６２議席）を確保したことになる。また、衆議院は、すでに連立与党を組む自民党と公明党で３分の２を超えていることから、衆参両院で、憲法改正案の発議（両院の総議員の３分の２以上の賛成が必要）が可能な形勢になった。

選挙戦において、野党はこぞって「アベノミクス失敗」を声高に主張したが、どの主張も説得力に欠けており、それが敗因の一つになった。景気回復のスピードは確かに落ちているが、民主党政権時代には、現在よりはるかに円高が進んで経済に悪影響を及ぼし、なおかつ株価が低迷していたことを、国民はしっかり覚えていたのだ。

自公が政権に返り咲いてから雇用環境が改善したことも、自民党の勝利を後押しした。野党がどれだけ第二次安倍政権の経済運営を糾弾したところで、民主党政権時代には状況がもっと悪かったわけだから、「野党の経済政策は信頼が置けない」と国民は判断したということになる。

筆者はこれまでさまざまな場で述べてきたが、野党が国民の支持を得ることができない最大の原因は、**アベノミクスの第一の矢である「金融政策」をまったく理解できていない**ことにある。

世界標準の考え方で言えば、金融政策の究極の目的は、雇用を増やすことにある。つまり、金融政策と雇用政策は密接に関係しているのだ。雇用の改善は、与党や野党、あるいは右派や左派といった立場の違いを超えて、等しく歓迎すべきことである。失業のない社会を目指すことは、経済学の本丸だからだ。

たとえば、ヨーロッパの左派政党の政策を見ると、雇用が最も大きな柱になっていることがわかる。欧州社会党や欧州左翼党は、いずれも雇用確保のための金融政策の重要性を訴え、欧州中央銀行（ＥＣＢ）にインフレ目標政策を働きかけてきた。つまり、インフレ目標政策は左派の政策と言っても過言ではない。

ところが、日本の左派政党は、金融政策のことをまったく理解していない。トマ・ピケティ氏のような著名な経済学者をわざわざ海外から招いて話を聞いたところで、金融政策の何たるかを理解できない人ばかりが日本の左派政党の幹部を占めているため、ほとんど意味をなさないのだ。

もちろん民進党の中にも、金融政策と雇用政策に密接な関係があることを正確に理解している政治家もいる。神奈川県選挙区の金子洋一氏がその一人だ。金子氏は内閣府の元官僚であり、国際経験も豊富なエコノミストだ。左派政党に不可欠な金子氏のような希有な人材を、民進党は今回の選挙で失ってしまった。これにより、民進党が復活する可能性はますます低くなったと言わざるを得ない。

参院選の結果を受け、さらなる経済政策が実行される

一方、第二次安倍政権はアベノミクスの第一の矢（金融政策）を放つことで、左派政党より優れた雇用パフォーマンスを実現してきた。「47都道府県のすべてで、有効求人倍率が1・0を超える成果をあげた」と、安倍首相に政策の効果を強調されたことで、民進党は十八番であるはずの「雇用政策」を奪われてしまった形になる。

もっとも、第二次安倍政権はアベノミクスが不十分であることも認識している。

金融政策という名の第一の矢を放っても、失業率は完全失業率（景気がどれだけよくなっても、失業率がそれ以上は下がらないという水準。筆者の試算では2・7％程度）まで下がっていないからだ。

また、アベノミクス第二の矢である「財政政策」について言えば、2014年4月からの消費増税が大失敗に終わってしまった。このため消費は低迷し、現在でもGDPギャップ（潜在GDPと現実のGDPの差）は10兆円ほどあり、景気の先行きに不透明感が拡がっている。

イギリスのEU離脱や中国経済の減速懸念など、世界経済の不透明感を含めて考えると、

アベノミクスをさらに推し進めるためには、133～134ページで述べる金融緩和と積極財政を含む3つの経済対策を実施する必要があると筆者は考えている。**参院選の結果を受けた安倍首相は、経済を立て直すために、そのうちのいくつかの政策を実行に移すだろう。**

なお、安倍首相は野党党首と異なり、海外の著名な学者の意見をよく聞き、それを経済政策にうまく生かすことに長けている。

参院選の直後には、前FRB（米連邦準備制度理事会）議長のベン・バーナンキ氏と会談した。バーナンキ氏は、筆者のアメリカ・プリンストン大学留学時代の恩師の一人で、「ヘリコプターマネー」の理論化などを、象牙の塔にこもることなく、実践的な経済政策として打ち出してきた世界有数の経済学者である。

FRB議長時代、バーナンキ氏は大規模な金融緩和の実施などでアメリカ経済をリーマンショックから救ったが、かつて日本のデフレ対策でも優れたアイデアを提示してくれたことがある。この原稿を書いている時点では、安倍首相とバーナンキ氏の会談の内容は不明だが、おそらく今回も日本経済にとってベストなアドバイスをしてくれたに違いないと筆者は期待している。

憲法改正は容易ではない

「金融政策の目的は雇用増」にあることを理解できなければ、野党は選挙を何回戦ったところで与党に勝つことはできないだろう。それに加えて、今回の参院選ではさらにミスを犯した。

それが何かと言えば、「野党共闘」だ。

たとえば、共産党はかねてから「自衛隊は違憲」と主張してきたが、これは時代錯誤もはなはだしい考えだ。若者に聞いてみればわかるが、自衛隊を違憲とする意見はまったく聞こえてこない。そのため、共産党と共闘した他の野党も、共産党の同類とみなされて、苦しい選挙戦を強いられた。

今回の選挙戦で、共産党は与党から「自衛隊は違憲」とする立場を突かれて、防戦一方に陥った。しかも選挙戦の真っ最中に、共産党の藤野保史政策委員長が、ＮＨＫの番組で「防衛予算は人殺し予算」と失言してしまった。その後藤野氏は発言を取り消し、事実上更迭されたが、「駟《し》も舌に及ばず」である。共産党が予想外に低迷したことの原因は、「自衛隊は違憲」という立場と、選挙期間中の藤野氏の失言の2つに集約されるだろう。

また、今回の選挙戦で国民の耳目を集めた「改憲勢力が3分の2を超えるか否か」という論点は、主にマスコミから流されたものだが、改憲勢力が3分の2以上になると、あたかもすぐさま改憲が実現するかのような、それらの論調に筆者は驚いた。

実際に筆者が出演したテレビ番組でマスコミ関係者に聞いてみたところ、多くの場合、彼らは憲法改正に必要な「国民投票制度」の詳細を知らなかった。

国民投票制度は、日本国憲法の改正手続に関する法律に基づいて行われるもので、同法は2007年に成立している（当時、筆者は官邸勤務だったためよく覚えている）。

同法では、憲法改正原案について、衆参両院の本会議にて3分の2以上の賛成で可決した場合、国会が憲法改正の発議を行い、それから国民に提案するという流れになっている。

そのうえで、憲法改正案に対する賛成の投票数が投票総数（賛成の投票数と反対の投票数を合計した数）の2分の1を超えた場合、国民の承認があったものとなる。

ここでのポイントは、**「国会の発議」「国民投票」という2つのステップが必要になる**ということだ。しかも、憲法改正原案は、内容において関連する事項ごとに区分して、個別に発議するものとされている。

たとえば、「安全保障に関わる条文改正」と「環境権を新しく創設する」という2つの条文案が一括して投票に付された場合、一方については賛成、もう一方については反対という意思を、一つの記号で示すことはできないため、別々に実施しなければならないのだ。

今回、自民党、公明党、おおさか維新の会、日本のこころを大切にする党の4党は、「改憲勢力」とひとくくりにされたが、各党が主張する憲法の改正内容は大きく異なっている。

公明党は（新たに条項を加える）「加憲」を主張しており、おおさか維新の会は「教育無償化」「憲法裁判所」「地方分権」の3点を改憲項目とし、「憲法9条」は対象にしていない。

改憲については、憲法審査会で審査されることになるが、そのハードルは決して低くないうえ、改正項目については、公明党とおおさか維新の会がキャスティングボート（事実上の決定権）を握ることが想定される。そのため、憲法9条の改正は容易ではなく、早晩には実現しそうもないのである。

イギリスのEU離脱で日本はどうなるか

イギリスの景気後退は免れない

6月23日、国民投票でイギリスはEU（欧州連合）からの離脱を決めたが、多くの人にとって、これは予想外の結果であった。離脱へのプロセスは未知の領域であり、誰も確かなことを言えない状態だ。

国際情勢に馴染みが薄い人は、EU諸国について「一致団結している」というイメージを持っていたかもしれないが、実は、イギリスとヨーロッパ大陸は、ドーバー海峡や北海で隔てられている以上に、制度的・心理的な距離は大きい。

まず、自動車の通行は、イギリスは左側通行、ヨーロッパ大陸は右側通行だ。

次に法体系に関してだが、英米の法系とヨーロッパ大陸の法系には違いがある。英米法系では判例法主義で、裁判所の判例を優先するが、ヨーロッパ大陸の法系は成文法主義で、議会（政府）が作る制定法が規範となる。実際に、イギリスでは司法が行政に優越するが、ヨーロッパ大陸では行政優位の法運用体制が取られているというところに、こうした法体系の違いは表れている。

官僚機構については、イギリスはそれほど官僚の権力や権威は強くなく、自由な競争を尊重する風土だが、ヨーロッパ大陸ではEUの巨大な公務員組織が跋扈《ばっこ》し、日本以上の役人天国とも言われている。

産業規制や労働規制については、イギリスは先進国の中でも縛りが少ない国である。しかし、EUに加盟していると、EU内で決められたルールは域内に適用しなければならず、イギリスだけ例外扱いにはできない。

金融政策については、イギリスはユーロに参加せず、独自の政策によってヨーロッパ大陸よりいい経済パフォーマンスを発揮してきたという自負がある。したがって、法規制も独自のものにこだわっている。

移民については、イギリスにはドイツと同様に、各国から大量に流入している。イギリス国内の一部からは、これを制限すべきだとの意見が挙がり、これもEUからの離脱を推す声の一つになっていた。ただしイギリスは、ヨーロッパの国家間において国境検査なしで越境を許可する「シェンゲン協定」に入っていないので、実際には検査が可能である。

ユーロ圏でもシェンゲン圏でもないイギリスは、言ってみれば、「いいとこ取り」の国であった。ＥＵに加盟していることで数々のメリットを享受していたにもかかわらず、それでも離脱派が勝ってしまったのだから驚きである。

今後、イギリス国内外にはどのような影響が出るのか。

短期的にはポンド安、通貨不安になるのは避けられないだろう。また、ヨーロッパ大陸への輸出に関税などのコストが発生する可能性があるため、景気後退は免れないはずだ。

イギリスのシティ（ロンドン中心部の金融街）では、金融機関はＥＵ単一パスポート（ＥＵ内共通免許）が有効ではなくなる。そしてヨーロッパ大陸では新たにＥＵ単一パスポートが必要となるため、シティの金融機能の一部が欧州大陸に移る可能性もある。

イギリスの財務省によると、ＥＵ離脱後のイギリスは景気後退に陥り、２年後の経済成長率は、残留した場合に比べて３・６〜６ポイント下回るという。すると、金融業界をはじめとして産業競争力がなくなり、雇用が激減、イギリス経済は壊滅的になるとしている。

また、離脱後の経済成長の落ち込みに対応して、失業率は１・３〜２・２％も上昇すると警告していた。

ＩＭＦ（国際通貨基金）も、イギリスがＥＵから離脱した場合、２０１８年の経済成長率は1・3〜5・2％減少し、失業率は0・3〜1・2％も上昇すると警鐘を鳴らしていた。

イギリスEU離脱の悪影響はボディブローのように効いてくる

ＥＵ離脱決定後にＢＢＣ（イギリスの公共放送機関）を聞いていると、やたらと「リスボン条約50条」という用語が出てきた。役人時代の性《さが》で、こうした条文は自分で見なければ納得できないが、今は便利な時代で、ネットで簡単に調べることができる。

大雑把《おおざっぱ》に言えば、ＥＵ加盟国はＥＵから自由に離脱できるが、事前に欧州理事会に通知しなければいけない。その後で、脱退する加盟国とＥＵは、脱退のための協定に合意する必要がある。ただし、その合意のための期間は原則2年。もっとも、欧州理事会が全会一致で認めれば、期間をさらに2年延長できる。

筆者は、今回のイギリスのＥＵ離脱問題でテレビなどに出演してコメントする機会があったが、この2年間の合意期間のことを知らずに解説する識者がいたことに驚いた。

ＥＵの前身であるＥＣ（ヨーロッパ共同体）では、デンマークのグリーンランド自治政府が1985年に脱退した例があるが、ＥＵでは初めてのことで、前例はない。

ということは、これから先は未知の局面であり、わからないことだらけなのだ。たとえば、脱退に関する通知をいつまでに行うかも交渉次第であり、キャメロン首相は次の首相に委ねると話している。イギリスとしては、焦って通知してもメリットがあるわけでもなく、ゆっくり通知して時間稼ぎをしたいだろう。

一方、ＥＵとしては、合意が長引けば、脱退予備国が次々に現れて負の連鎖を招く懸念があるため、「速やかに離脱するように」とイギリスに厳しく迫って、脱退を急かす可能性もある。

こうした先行きの不透明感は、政治交渉につきものだが、ビジネスの観点から見れば、非常に困る状況だ。脱退交渉に関する話が不透明ということは、その後の世界の展望を描きにくい。制度というのは空気のようなもので、安定しているときには存在すら忘れてしまうが、不明確だとさまざまな問題が生じてしまう。

たとえば、どの国も、関税交渉によって関税率が下がることには慣れているが、上がるかもしれないというのは未経験なので、不安ばかりが先走ってしまう。関税率がどうなるかわからないと、海外輸出の多い製造業では、長期の生産計画を立てにくくなる。

筆者は、**今回のイギリスのＥＵ離脱問題では、この不透明感が経済に悪影響を及ぼすと**

思っている。とりわけイギリスの中心産業である金融業での不透明感は半端ではない。

前述のとおり、ＥＵ単一パスポートがなくなると、シティでの金融ビジネスは大きな魅力を失い、ドイツのフランクフルトに拠点を移す金融機関が続出する可能性もある。この点は、リーマンショックのときに、金融機関の経営が実体経済に悪影響を与えたことと状況は似ているだろう。

ただし、リーマンショックのように、一気に問題が顕在化するという類のものではなく、不透明感が長期にわたって続き、ボディブローのようにジワジワと効いて、実体経済にダメージを与える性質のものになるはずだ。

また、リーマンショックのときには、中国が財政支出をして世界経済の落ち込みを和らげてくれたが、今回は中国経済自体にもリスクがある。

さらに、今後の不透明な脱退交渉の過程の中で、ＥＵの緊縮財政に反対する国、たとえばスペイン、イタリア、ギリシャなどがＥＵ離脱をちらつかせ、経済の不安定化を促進させかねない。

ただでさえ、ポンドや株が売られ、円高が進みかねない中で、そうした金融混乱が連鎖的に起こるかもしれないのである。

経済への悪影響はリーマン級と見て備えるべき

イギリス経済とアメリカ経済は、シンクロ度が高い。シティで起こった話はアメリカのウォール街に波及し、米英の実体経済に悪影響を及ぼすことも十分あり得る。

実際に、過去のイギリス、アメリカ、日本、世界の経済成長率を見てみると、かなりシンクロしていることがわかる（**図表1**参照）。

次に、イギリスのＥＵ離脱が世界経済に与える影響を見てみよう（**図表2**参照）。日本も影響を受けるということを、試算結果は示している。

イギリスのＥＵ離脱は連鎖反応を起こし、リーマンショックのように、アメリカ経済、日本経済、そして世界経済を悪化させる可能性は大いにある。その「二の舞」を避けるためには、影響度はリーマンショック級と想定し、あらかじめ備えておくほうがいい。

世界経済は密接につながっている以上、日本も少なからず影響を被《こうむ》ることが免れないからだ。

これはまさに危機管理である。危機管理では、甘い前提や希望的観測を排除する必要がある。

図表1 世界の経済成長率の推移

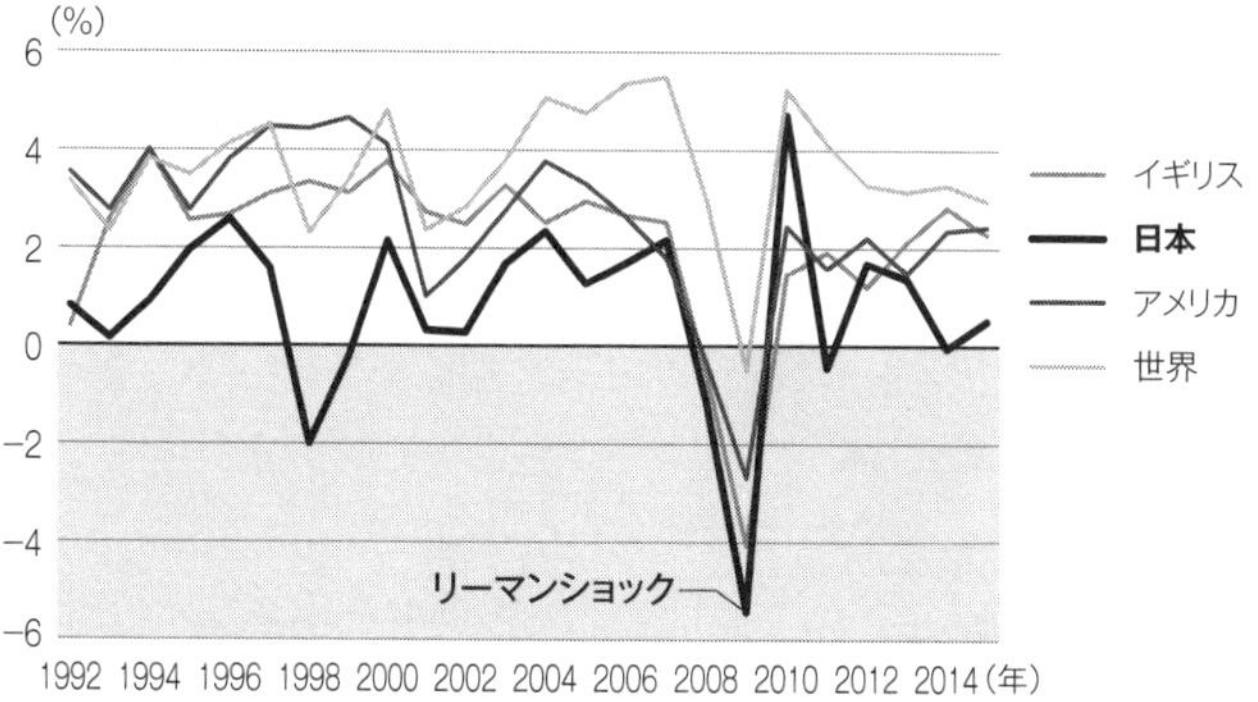

資料：OECD

図表2 イギリスのEU離脱が世界経済に与える影響（GDPのベースラインからの乖離）

年	日本	アメリカ	世界	イギリス（IMF予測）
2016	−0.5	−0.6	−0.4	−0.8
2017	−2.5	−3.0	−1.7	−3.7
2018	−3.5	−4.2	−2.5	−5.2
2019	−3.8	−4.5	−2.6	−5.6
2020	−3.5	−4.2	−2.5	−5.2

資料：IMF, UNITED KINGDOM SELECTED ISSUES
注：日本、アメリカ、世界への影響は筆者試算

イギリスのEU離脱問題はリーマンショック級の経済危機になる可能性がある以上、2017年度からの消費増税の見送りは、日本にとっては正解だった。その判断に踏み切る前提として、安倍首相は「リーマンショック級のことが世界で起こるリスクはあり得る」と発言し、さんざん非難された（伊勢志摩サミットの文書中にもイギリスのEU離脱が世界経済のリスクと書かれているのだが）。

ただ結果として、安倍首相の判断は慧眼であった。もし消費再増税を決断した後で、イギリスのEU離脱が決まっていれば、日本経済は目も当てられない状況になっていただろう。

とはいえ、消費再増税の延期だけでは危機管理は充分とは言えない。筆者の考える危機対応策は次のとおりである。

①消費増税は延期ではなく、凍結にすべき

②日銀の政策決定会合を臨時で開催して、量的緩和を30兆円増やす

③参院選後の補正予算で、財政支出を60兆円（20兆円×3年）にする。財源は、埋蔵金、財投債、国債。支出対象はインフラ整備や減税＋給付金など

④事実上、無制限の為替介入。そのために今の介入枠を参院選後の補正予算で引き上げる

②と③、②と④をセットで実施。前者がヘリコプターマネー、後者は「非不胎化介入《ひふたいかかいにゅう》」となって、経済の落ち込みや円高の進行に歯止めをかける効果がある。

ちなみに「不胎化介入」とは、為替介入によって供給した通貨を別の手段で吸収して、通貨量が変化しないように市場に介入することだ。「非不胎化介入」はその否定形であり、要は、介入によって供給した資金を吸収せずに放置することを意味する。

筆者がこう主張すると、「このような支出は必要ない」と反論する人が必ず出てくるが、これらはほぼすべて予算枠内の話である。必要なければ、予算不用にすればいいだけだ。つまり弾を込めて引き金に手をかけるだけで、実際に撃つかどうかは別であり、あくまで準備するだけでいいのである。

また、「為替介入は米国の許しがないとできない」と言う人もいるが、これは日本の主権の問題である。日本だけの猛烈な円高を防ぐためだとアメリカに主張すれば、理解も得られるだろう。日本単独での介入は効果が薄いのは事実であるが、日銀の追加量的緩和と

同時であれば、前述した「非不胎化介入」となり、大きな効果がある。

当然ながら、「財政再建が心配」と言う人もいるだろう。しかし、それは火事場での放水による消火活動によって「家具が水に濡れてはまずい」と言うのと同じだ。まずは経済を立て直すことが先決なのである。

イギリス経済は将来的には成長する可能性あり

イギリスがEUから離脱する数年間は摩擦的なコストがかかり、そのために不況になる可能性は高い。ただし、その摩擦的な期間を過ぎれば、ひょっとしたらイギリスは立派に経済成長するかもしれない。

というのも、EUに加盟していないスイスやノルウェーの経済は、必ずしも悪いわけでないからだ。

加えて、筆者は統一の中で多様性を認めるEUは、その政治理念は素晴らしいと思うが、経済的な最適規模を超えていると感じている。多様な国家を、画一的な経済政策でコントロールすることはできないからだ。

前述のとおり、イギリスは独自の通貨を持ち、国境検査なしで越境を許可するシェンゲン協定にも加入していない、「いいとこ取りの国」であった。

いわばEU内では恵まれた「特権国家」であったにもかかわらず、移民問題などの影響で離脱が決まったのが現実だ。

イギリスの遠い将来は明るいかもしれないが、当面は経済混乱が続くだろう。

日本は、リーマンショックのときに「蜂に刺されたようなもの」と楽観視して、無為無策に終始した。今回はその愚を繰り返してはならず、慎重に備えるべきである。

マイナス金利は今後、日本経済にどう影響するか

マイナス金利で個人が損することはない

「日本銀行、2月からマイナス金利を導入へ」

2016年1月29日付の新聞各紙に、このような見出しが躍った。経済や金融に馴染みが薄い読者の中には、「マイナス金利」という言葉を、このとき生まれて初めて耳にした人も少なくないのではないだろうか。何しろ日本でマイナス金利が導入されたのは、史上初のことだからだ。

人間は、未知なる事象や出来事に直面すると、不安や恐怖を感じる生き物である。この報に接したとき、もしかすると多くの人は、日本経済の現状や先行きに、何かしら不穏なムードを感じたりネガティブなイメージを抱いたりしたかもしれない。マスコミ各社も、マイナス金利の導入をサプライズ含みで伝え、その効果について、消極的あるいは否定的な見解が多く見られた。

しかし、断言しよう。マイナス金利の導入は、日本経済にとってプラスの効果をもたらすものだ。

そもそもマイナス金利とは何かと言うと、その名が示しているとおり、お金にマイナスの利息をつけるというものである。通常、銀行にお金を預けると、プラスの利息がつく。たとえば、銀行の普通預金金利が年率で＋1％だった場合、100万円を預けると、1年後には1万円の利息がついて、預金は101万円に増える。

マイナス金利は、その逆だ。金利が−《マイナス》1％だった場合、1年後には100万円から1万円が差し引かれて、銀行預金は99万円に目減りする。つまり、銀行預金から事実上の手数料が徴収されることになるわけだ。

そう聞くと心配になるかもしれないが、**マイナス金利が適用されるのは銀行などの金融機関に対してだけで、個人の預金金利がマイナスになることはまず考えられない**。たとえば、A銀行が普通預金にマイナスの利息をつければ、顧客はB銀行やC銀行など、他の銀行へ預金をシフトさせるだろう。あるいは、タンス預金に踏み切るかもしれない。いずれにしろ、預金が流出してしまっては、A銀行は業務が成り立たなくなってしまう。

銀行がどのように収益を生み出しているかと言えば、企業や個人に対する融資である。

預金者から調達した資金を、借りたいと考えている企業や個人に高い金利で貸し出すことにより、支払利息と受取利息の差、つまり「利ざや」で収益を生み出している。

預金の流出は、利ざやを稼ぐための原資の喪失を意味するため、それを避けたい銀行が、顧客の預金にマイナスの利息をつけることは考えられないのだ。つまり、マイナス金利政策で個人が損を被ることはほぼないのである。

デフレを克服しない限り、経済はよくならない

マイナス金利とは、日本銀行が、銀行などの金融機関から預かっている「当座預金」の一部に、－《マイナス》0・1％の金利を適用する政策である。

では、なぜ日本銀行はマイナス金利の導入に踏み切ったのか。狙いは、長年にわたって日本経済を蝕《むしば》んできた「デフレ」を克服することにある。ここで、読者の皆さんは、「マイナス金利とデフレにどんな関係があるのか」と、疑問に思ったに違いない。

それを理解するためには、いわゆる「アベノミクス」について理解する必要がある。ここで、ごくごく簡単にアベノミクスをおさらいしておこう。

アベノミクスの基本方針と言えば、「3本の矢」だ。「3本の矢」には、新旧の2つのバ

ージョンがあるが、マイナス金利との関係が深いのは、旧「3本の矢」の「金融政策」「財政政策」「成長戦略」のうち、「金融政策」である。ここで、アベノミクスの金融政策は、「2％インフレ目標」付きの「量的緩和政策」であることを覚えておいてほしい。

一般の人は、「金融政策」と聞いても、具体的に何が行われているのか、まったくイメージが湧かないに違いない。コンビニエンスストアやアウトレットモールなどで金融政策がサービスとして提供されていれば話は別だが、もちろんそんなことはあり得ず、誰も「金融政策」など見たことがないはずだ。

金融政策とは、端的に言えば、日本銀行（中央銀行）がさまざまな手段を講じて、国内に流通するマネーの総量を増やす政策である。「マネタリーベース」という言葉をニュースなどで聞いたことがあると思うが、これは「市中に出回っている現金」と「民間の金融機関が日本銀行に預けているお金（日銀当座預金）」の合計額である。このマネタリーベースを増やして個人や企業への銀行貸し出しを増やすために、市場全体に流通するマネーの量（マネーストックと言う）を増やそうとする政策が、「金融（緩和）政策」である。

日本経済を蝕んできたデフレとは、「モノの価格が下がり続ける現象」だ。言い換えればそれは、「通貨の価値が上昇し続ける現象」ということになる。

したがって、市場に流通する通貨を増やして、その価値を下落させれば、デフレに歯止めをかけることができるわけだ。ここで大事になってくるのは、日本銀行が「インフレ率が2％になるまで量的緩和を続ける」と宣言したことである。

量的緩和にはさまざまな効果があるが、キモは「実質金利」が下がることにある。金利には「名目金利」と「実質金利」の2つがあり、名目金利とは、わかりやすい例を挙げれば、銀行の預金金利である。ただ、名目金利はあくまでも「見かけ」の金利にすぎない（だから名目と呼ばれる）。一方の実質金利は、名目金利から物価上昇率、すなわちインフレ率を引いた金利のことで、「名目金利－《マイナス》インフレ率＝実質金利」の式で表される。

つまり、名目金利よりもインフレ率のほうが高ければ実質金利は下がり、企業や個人はお金を借りやすくなる（＝設備投資や消費が活発になる）。日本銀行がインフレ目標を設定したうえで、市場に出回るマネーを増やす政策を実行すると、すぐに予想インフレ率が上がる。結果として、実質金利が下がっていくのである。

実質金利の低下（予想インフレ率の上昇）は、実体経済に大きな影響を与える。それは、後でお金を使う（借りる）より、今お金を使う（借りる）ほうが得になるからだ。

実質金利が低下すると、金融機関にお金を預けて利息が増えるペースよりも、モノが値上がりするペースのほうが速くなるため、お金の価値が実質的に目減りすることになり、預金者にとっては不利だ。その一方で、借り入れには有利に働くため、投資や消費が促進されやすい。そのため、投資や消費が増えて経済全体が活性化するのである。

日本のように金利がほぼゼロに張りついた状態にもかかわらず、なぜインフレ目標付きの量的緩和政策がデフレに効くかと言えば、日本銀行が「インフレ率（物価上昇率）が2%になるまで金融緩和を実施します」と宣言するからである。

すると、それを信用した人々の間で「インフレ予想」が高まり、実質金利が低下して経済活動が活性化するのだ。つまり、デフレを克服して経済を活性化できるかどうかは、人々の「予想」にかかっていることになる。

経済は人の「気分」で動く

そう聞くと驚くかもしれないが、経済は人々の「気分」によって左右されるケースが少なくないのだ。個人の日々の生活でも、よいことが起これば誰だってよい気分になるが、よい気分でいるからこそよいことを招き寄せるというケースもあるだろう。

経済全体にも、似たようなことが言えるのである。

伝統的な金融政策として、日本銀行は「金利」を調節することで、市場に出回るお金の量をコントロールしてきた。これは、銀行間取引市場の金利を極限まで下げることで世の中に流通するお金を増やして、景気の回復を目指すものである。

銀行間取引市場の金利が下がると銀行の貸出金利も下がる傾向があり、そうなれば企業や個人がお金を借りやすくなるため、借り入れを増やすことで投資や消費を増やそうとする。結果として、世の中に出回るお金が増えて、景気が回復するというメカニズムだ。

「金は天下の回りもの」ということわざがあるが、まさにそれを促す政策である。

この金利調節も金融緩和政策の一つだが、銀行間取引市場の金利がほぼゼロに下がっても景気が回復しないとき（日本がまさにそうだった）はどうすればいいか。

その方策こそ、第二次安倍政権が発動したインフレ目標付きの金融政策だ。

具体的なメカニズムは、こうだ。「銀行が保有している国債を日本銀行が買い取る」→「買い取った国債の対価として、日本銀行にある民間銀行の当座預金口座の残高が増える」→「手持ちの資金が増えた民間銀行は、企業への貸し出しや個人への融資などにより資金の運用を試みる」となる。

なぜ**民間銀行が資金の運用を試みるようになるかと言えば、国債が現金に変わることで、**

民間銀行は国債の金利を手にできなくなり、貸し出しなどで運用しなければ収益を生み出せなくなるからである。

まとめると、日本銀行がインフレ目標を設定したうえでマネタリーベースを増やすと、人々のインフレ予想が高まる。インフレ予想が高まれば、資産を株式や外貨などで運用する人が増えて、株価が上昇するとともに円安も進む。なぜ資産を株式などで運用する人が増えるかと言えば、銀行預金はインフレに弱いからだ。株高や外貨高が実現すると、円安によって輸出企業の業績が伸びるうえ、株式や外貨で資産を持っている人々の資産価値が増加し、気分をよくした人々は消費を増やそうとする。企業はその消費の増加に応じて生産能力を増強させる必要が生じ、設備投資に積極的になるのだ。

このように、金融緩和政策によって消費、設備投資、輸出などが伸びてくると、2〜3年程度の期間が経過した後に、労働市場の需給が逼迫《ひっぱく》して雇用環境が改善されるとともに、いずれ賃金も上昇し始める。所得が増えれば消費が増え、消費が増えれば労働需給が改善して雇用による所得が増え、それがさらに消費を増やすといった好循環が生じ、最終的に消費者物価が上がっていく（＝インフレ）のである。

量的緩和政策は、リーマンショック後のアメリカやヨーロッパでも実施された（実はかっての小泉純一郎政権下でも、小規模だが実施されていた。そのことについては後述する）。アメリカは、リーマンショック後にデフレ寸前の状態に陥り、２０１４年までに延べ3回にわたる大規模な金融緩和を実施してデフレ懸念から脱却したほか、イギリスやスウェーデンなどでも実施されている（２０１５年からユーロ圏でも導入されている）。

各国の中央銀行が自国のマネタリーベースの増加に努めていたとき、ときの日本銀行は手をこまねいて何の対策も行わなかった。それにより日本円の相対的な価値が高まり、２０１１年10月に１ドル＝75円32銭という歴史的な超円高が実現したことは、皆さんもよく覚えておいでだろう。

第二次安倍政権が誕生してから、日本銀行は段階的に数度の量的緩和政策を実施している。その結果、２０１６年４月末の時点で日本のマネタリーベースは３９０兆円近くまで拡大した。第二次安倍政権発足前の２０１２年は約１３０兆円であり、それから２６０兆円ほど増えた計算になる。

マイナス金利は投資や消費を活発にする

話をマイナス金利に戻そう。第二次安倍政権の量的緩和政策により、日本の経済状況は

図表3　金融機関の資産状況（単位：兆円）

	預金取扱機関	保険・年金基金	合計
現預金	403	23	426
貸出	718	54	772
国債	256	234	490
その他有価証券等	265	141	406
対外投資等	163	112	275
その他	21	30	51
合計	**1826**	**594**	**2420**

資料：日銀「資金循環勘定」2015.9末

回復基調にあるが、まだ充分とは言えない。景気回復の足を引っ張ったのは、後述する消費増税である。日本経済は追加の金融緩和が必要な状況であり、その方策の一つこそ、マイナス金利政策だった。

手前味噌で恐縮だが、実は、筆者はマイナス金利の導入を事前に予測していた。日本銀行がマイナス金利の導入を決定した1月29日の前日、つまり1月28日に収録された某インターネット配信番組において、マイナス金利導入の可能性を指摘していたのである。

なぜ、事前に予測できたかと言えば、銀行など金融機関のポートフォリオ（資産の組み合わせ）状況や国債市場の動向などから、合理的に推測した結果だ。筆者が見ていた金融機関のポートフォリオは、**図表3**のとおりである。

金融機関は、大きく「預金取扱機関」「保険・年金基金」「その他」の3つに分けられるが、経済全体への影響力が強い「預金取扱機関」と「保険・年金基金」について、それぞれ資産項目を現預金、貸出、国債、その他有価証券等、対外投資等、その他に分けたものが図表3だ。

2015年9月末時点で預金取扱機関では、現預金が403兆円、貸出が718兆円、国債が256兆円、その他有価証券等が265兆円、対外投資等が163兆円、その他が21兆円の計1826兆円だった。保険・年金基金では、現預金が23兆円、貸出が54兆円、国債が234兆円、その他有価証券等が141兆円、対外投資等が112兆円、その他が30兆円の計594兆円となっていた。

このうち、異常に大きかった数字が預金取扱機関の現預金403兆円である。これが何を示しているかと言えば、403兆円もの大金が貸し出しに回らず眠っていたということだ。

前項で述べたように、量的緩和政策は、流通するマネーの総量を増やして、貸し出し増を促すための政策だ。403兆円もの金が眠ったままでは、意味がない。**マネー自体は銀行にきちんと流れているものの、銀行がそれを企業などに融資せず、日本銀行の当座預金に積んだままの状態になっていた**のである。

しかも驚くべきことに、その当座預金には＋０・１％の利息がついていた。銀行からしてみれば、これほど楽な話はない。金融緩和で手持ちの資金を増やしてくれたうえに、利息までつけてくれているわけだから、運用しなくてもお金が転がり込んでくる状態になっていたのだ。マイナス金利導入以前、日本銀行の当座預金は約２５０兆円にのぼり、利息は、実に約２２００億円に及んでいた。

通常、当座預金には利息がつかないため、これは極めて異例な事態だったと言える。その経緯は２００８年10月にまで遡り、当時の日本銀行総裁である白川方明《まさあき》氏が導入した。筆者には、日本銀行が民間銀行などに約２２００億円の「お小遣い」を与えているようにしか見えなかった。

マイナス金利の導入は、基本的には、２５０兆円を超える部分に－《マイナス》０・１％の金利をつけることを意味する。今年、日本銀行は80兆円の国債買いオペ（民間銀行から国債を買い上げること）を実施したため、日本銀行の当座預金はさらに80兆円ほど増えた計算になる。

もし、これまでのように民間銀行などが買い取りされた国債の代わりに、日本銀行への当座預金を積み増しすれば、８００億円ほどの手数料を日本銀行に対して支払わなければならない。

それを嫌って、民間銀行などが資金を貸し出しなどに回せば、そのぶん経済活動が活発化するはずで、一部が株式市場に向かえば、株価上昇をもたらすだろう。そこで、日本銀行がさらに追加の金融緩和を実施すれば、企業の設備投資増に向けた強力な援護射撃にもなる。

もちろん、短期的な景気の浮き沈みはあるかもしれないが、中長期のスパンで考えれば、マイナス金利政策が日本経済にとってプラスに作用することは間違いないのだ。

株価低迷と円高は、マイナス金利の影響ではない

マイナス金利の導入によって懸念されることがあるとすれば、銀行の収益が悪化する可能性である。これは確かにないわけではなく、ヨーロッパでもそういう兆候は見られる。

しかし、である。近年の銀行は、2000年前後に直面した不良債権危機から脱した後、これまでの金利低下局面の恩恵を享受して過去最高レベルの収益を上げている（**図表4**参照）。これは、貸出金利が低下するスピードより、預金金利が低下するスピードのほうが速いことによる恩恵だ。つまり、利ざやが拡大してきたのである。

もっとも、日本銀行がマイナス金利政策の導入を発表した直後、株価と為替が乱高下《らんこうげ》し

図表4 銀行の当期純利益の推移

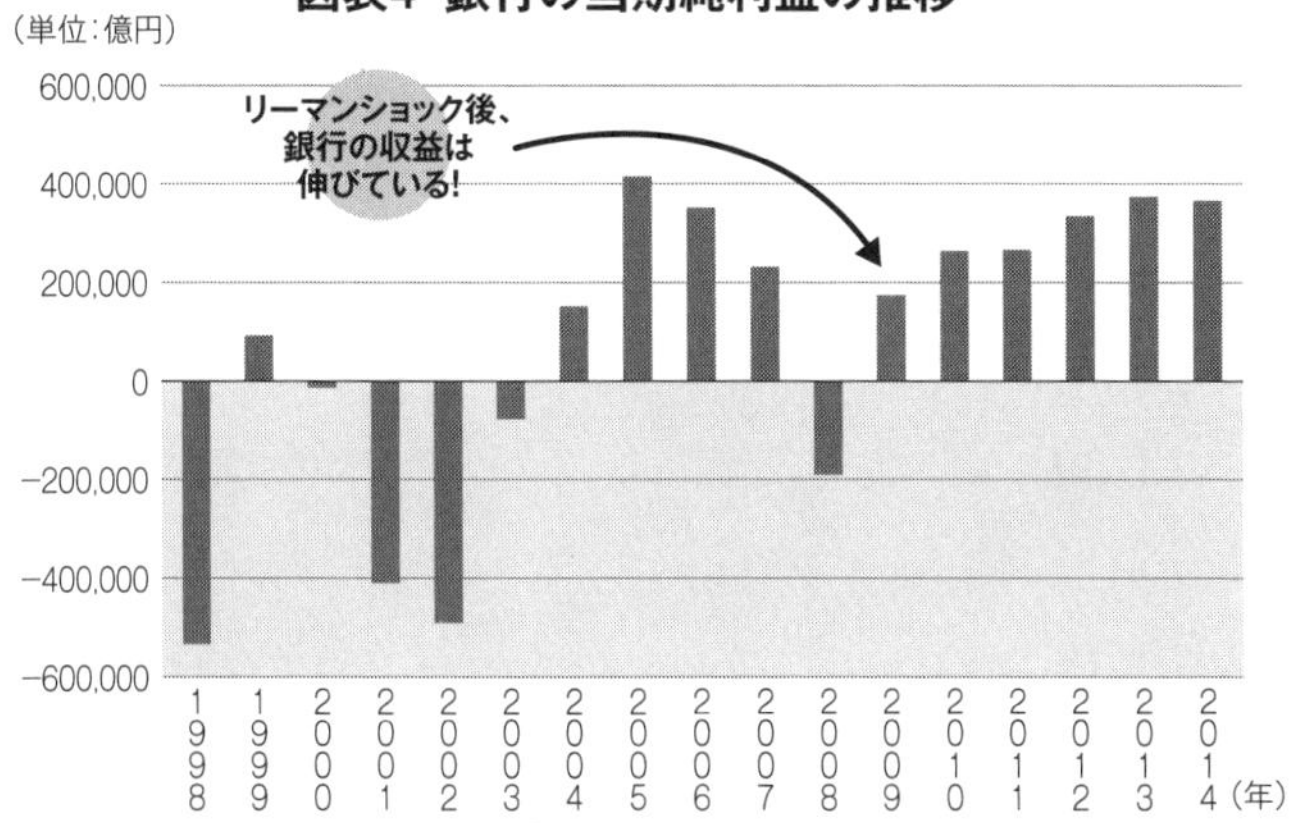

資料：全国銀行協会

た。だからと言って、政策そのものが間違っているわけではない。ここで、はっきりさせておきたいのは、市場の短期的な動きで政策効果を考えることは基本的に間違っているということだ。**経済政策の効果は、ＧＤＰや雇用統計などで計られるべきであって、半年〜2年ほどの期間を経てから現れてくる**ことが普通だ。

一方で、株式市場と為替市場は、短期的にはランダムな動きをする。

それはなぜかと言えば、（表現はキツいが）世の中には「カネ」の亡者が多く、そうした人々は、ＧＤＰや雇用に関する数値にまったく興味がなく、「儲かる」という成果をいち早く求めがちだからだ。また、カネの亡者を相手に商売をしている金融市場の関係者も、株価や為替相場の短期的な動きだけで政策の効果を論ずることがしばしばある。

彼らには本来、政策を語る資格はないが、そういう人物に限って、テレビなどのマスコミから引っ張りだこになっていたりする。

それは、金融機関が番組の大口スポンサーになっているためで、その関係会社に属している市場関係者やエコノミストが番組に出演してものを語るという構図ができあがってしまっているからである。**金融機関の代弁者のような論者しかメディアには登場しない**と言っても過言ではないほどだ。

筆者もしばしば株価や為替相場に関する解説を求められるが、これらの短期予測は理論的には不可能なため、政策効果については、GDPと雇用の話をするようにしている。これは、2013年にノーベル経済学賞を受賞した、アメリカ・シカゴ大学のファーマ教授とエール大学のシラー教授の資産価格の実証研究結果を見ても明らかだ。

ファーマ教授は、短期的な資産価格の予測は困難であると語り、一方のシラー教授は、3〜5年先といった比較的長期の価格は予測可能なことを示している。

以上のことを踏まえて、マイナス金利政策決定直後に起きた日経平均株価の急落と円高の進行について話をすると、これらがすべてマイナス金利の影響だと断定することは、あまりに短絡的な発想だ。

株価について言えば、そもそも2015年から世界的に下落傾向にあった。1年前と比べると、日本は−《マイナス》19%、アメリカは−《マイナス》12%、イギリスは−《マイナス》19%である。これを、第二次安倍政権が発足した2012年と比較すると、日本は+32%、アメリカは+12%、イギリスは−《マイナス》11%と、日本のパフォーマンスが高いことがわかる。

株価急落の原因は明らかで、中国経済に懸念が出始めたことによるものだ。詳しくは後述するが、中国経済はすでにマイナス成長局面に入っている可能性が高いのである。

次に、円高の進行である。率直に言って、この為替の動きは不可解だった。マイナス金利政策から想定される動き（円安に振れることが想定された）とは異なり、かつ変動幅も大きかったのだ。

為替の短期的な動きはランダムであり、それを予測することは難しいと述べたが、政策決定直後の2週間の為替の動きは、理論的に想定される動きと逆方向であっただけでなく、変動幅も7%以上（2月1日に1ドル＝121・3円だったものが、2月12日に112・35円という7・4%の円高になった）となっており、これほどの大きな変動は1998

図表5 円/ドルレートの2週間単位での変動幅(1971年1月~)

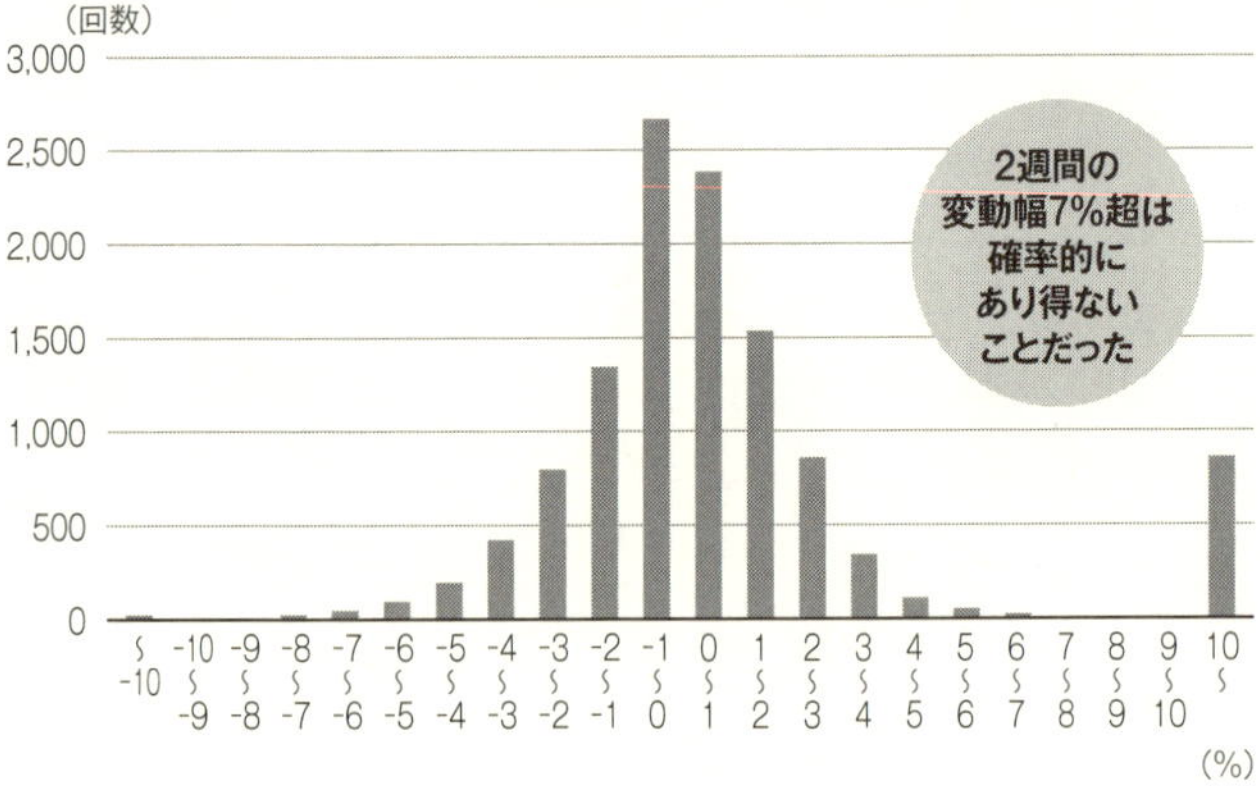

年以来のことだった。

図表5は、日本が変動為替相場制に移行した１９７１年以降の対ドルレートの２週間単位での変動幅を統計分析したものだ。見ればわかるとおり、プラスマイナス１%程度の変動が大半を占めている。しかも、プラスとマイナスのどちらに動くかはほぼ半々の確率になっている。加えて、２週間の変動幅が７%を超える確率は、たったの０・５%程度しかない。確率的に、ほぼあり得ないことが起こったわけである。

この原因として有力なのは、**一部のヘッジファンドの仕掛けに市場全体が追随してしまった**可能性である。ヘッジファンドとは、株式や債券、商品先物、金融派生商品など、さまざまな投資手段を用いて利益を追求する投機的なファンド（投資信託）のことだ。

好不況に関係なく、常に投機的なスタイルで利益を追求する特徴があり、相場の乱高下を加速させる要因になっている点が問題視されることも多い。

実際に、円高の急激な進行のウラには、複数のヘッジファンドが投機的な仕掛けをした事実があるようだ。為替が、短期的に逆方向に大きく動いたことはそれで説明できる。

つまり、マイナス金利政策決定直後の株安と円高は、株安については中国経済低迷の影響を昨年から引きずっていること、そこに、ヘッジファンドによるドル売りで円高が進み、さらに株価を押し下げる効果が働いたことが原因だろう。

このように、短期的には株価や為替の乱高下を引き起こす可能性はあるが、中長期のスパンで考えれば、マイナス金利は一般の国民にとって大きな損にはならず、むしろ得になることが多い政策だ。預金金利はもともとゼロに近い状態であり、下がったとしてもマイナスにはならない。前述したように、もし預金金利がマイナスになったら、他の銀行に預け替えるかタンス預金（これはこれで問題だが）に踏み切ればいい。

住宅ローンの保有者なら、低利借り換えのメリットも享受できる。たとえば、5年前に固定金利3％で30年ローンを組み、残債務が2500万円ある場合、残り25年の支払いを

2％ローンに切り替えると、筆者の計算では、手数料を払ったとしても、トータルでの支払額は300万円程度少なくなる。ただし、住宅減税を受けている場合、減税が受けられなくなることがあるため注意すべきだ。

また、これから事業を興そうと考えている人にとっては、絶好のチャンスである。貸出金利（実質金利）の低下は、お金を借りてまで事業を興そうという気概のある人を支援することになるため、投資を活発化させて経済成長を促進するだろう。

マイナス金利自体は、スイス、スウェーデン、デンマーク、欧州中央銀行で実施されている。日本銀行と異なり、欧州中央銀行は、当座預金のすべてにマイナス金利をつけている。この点、今回の日本銀行のマイナス金利は、当座預金の一部と今後の積み増し分に限定されており、銀行などにとっては、「優しい」仕組みと言えるだろう。

それでも、日本経済にとっては一歩前進であることに変わりはない。欧州中央銀行のように当座預金全体にマイナス金利を適用すれば、より大きな効果をもたらすはずだが、現時点でその兆候は見られない。

これは、日本銀行が各金融機関に一定の配慮をしたと見るべきだろう。

三菱東京ＵＦＪ銀行の国債資格返上はまったく問題ではない

２０１６年６月８日、三菱東京ＵＦＪ銀行が「国債市場特別参加者」の資格を国に返上する方向で調整していることが大きく報道された。日銀によるマイナス金利政策の影響で国債利回りが低下し、損失が出かねないと判断したからだ。

そして７月13日、財務省は、この資格の指定から三菱東京ＵＦＪ銀行を15日付で除外すると発表した。

もともと三菱東京ＵＦＪ銀行は、マイナス金利に批判的だった。４月14日、三菱ＵＦＪフィナンシャル・グループの平野信行社長は、都内での講演の中で「マイナス金利下では国債に投資できない」と本音をにじませた。これを受けて、マイナス金利に弊害があるというマスコミ論調が多くなっている。中には、財務省が国債を発行して、金融機関が引き受け、それを日銀が買い取るという「財務省・金融機関・日銀」の三角形が「マイナス金利政策によって崩れた」という勇ましいモノもある。こうした見方は本当だろうか？

まず、「国債市場特別参加者制度」について説明しよう。簡単に言えば、財務省と国債などの直接取引を行う資格を、銀行や証券会社などに与える制度で、特別参加者は、入札して手に入れた国債を投資家に販売する。日本では2004年10月以降に導入されたが、それ以前の1990年ごろから、同趣旨の制度は存在していた。

これらは欧米主要国において、国債の安定消化促進、国債市場の流動性維持・向上などを図る仕組みとして導入されている「プライマリー・ディーラー（PD）制度」を参考にしたもので、特別参加者には一定の応札・落札の義務が課される代わりに、財務省から情報を直接取れるというメリットがある。

現在、特別参加者は22社にのぼるが、この資格がなくても入札に参加することはできる。**つまり三菱東京UFJ銀行は、特別参加者から外れても、入札することは可能なのだ。**

筆者は20年以上前の大蔵省（現・財務省）勤務時代に、今の「国債市場特別参加者制度」の前身制度の担当者をしていたことがある。当時は、大蔵省が主催するパーティに特別参加者である金融機関の人を招待していた。金融機関が大蔵省を接待することが当たり前の時代に、大蔵省が金融機関を接待したということで話題になったものだ。

ところで、金融機関の人々は、商売に直結した情報を露骨に求めたがる。筆者も、入札の足切り価格（最低落札価格）を発表前に教えてくれと請われて、驚きのあまりのけぞりそうになったことがある（もちろん決して教えなかった）。

その情報は、金融機関の商売にとっては極めて重要だ。足切り価格は、入札結果が発表された時点で判明するが、もし発表前に足切り価格がわかれば、自社で入札できた量がわかるだけではなく、ライバル他社の購入コストも推測できるからだ。

財務省は、国債などの入札を月に20回ほど実施しており、その仕組みとして主に採用しているのは、「コンベンショナル方式」と呼ばれるものだ。

これは、入札者（特別参加者）がそれぞれ国債の購入価格を独自に提示し、提示された複数の価格の中から入札価格が高い順に、国債の発行予定額に達するまで入札に応じる方式で、入札額が発行予定額に達した時点で足切りとなる。

同一条件（同一価格）による取得ではなく、入札者ごとに国債の購入価格が異なる――すなわち複数の価格が生じるため、特別参加者は、他社や投資家動向の把握にやっきになる。

なぜなら、投資家へは平均落札価格で販売することが一般的なため、もし自社が平均落札価格より低い価格で落札できれば、平均落札価格と自社落札価格の差が収益になるからだ。一方で、平均落札価格より高く落札した場合は、損失が発生してしまうことになる。

もし発表前に足切り価格が判明し、自社が平均落札価格より低い価格で落札できたことがわかれば、その時点でライバル他社の顧客（投資家）にアタックし、ライバル他社より少しだけ有利な条件を提示することで、顧客を奪い取ることができるのだ。

よい兆候を大事件のように報道する無知なマスコミ

現在、国債入札は公平な制度のもとに行われているはずであるが、特別参加者にはどのようなメリットがあるのか？

そのメリットとして、財務省のホームページに「国債市場特別参加者会合に参加し、財務省と意見交換等を行うことができます」と書かれているのを読んで、筆者は思わず苦笑してしまった。

三菱東京ＵＦＪ銀行の特別参加者資格返上について、財務省のスタンスは、「銀行が一つ抜けても他の金融機関が穴を埋める」というものだ。三菱東京ＵＦＪ幹部との面会に関しても「わざわざ会う必要があるのか」との声もあった。

実際、銀行の判断に、財務省が口を出す必要はない。

しかも、特別参加者になっているのは三菱東京ＵＦＪ銀行の他にも、三菱ＵＦＪモルガン・スタンレー証券、モルガン・スタンレーＭＵＦＧ証券があるので、同銀行グループの経営戦略としても、融資業務が中心の銀行があえて入ることもない。

そもそも経済合理的に考えれば、国債はマイナス金利なので、銀行の投資対象にならない。銀行は民間企業に融資をして利ざやを稼いでナンボである。銀行が国債に投資して儲かるという事態は、デフレだから起こることであり、それ自体がおかしいことだ。

デフレから脱却しつつある中で、銀行が、本来の業務であるところの民間企業への融資に取り組む兆候だと見れば、三菱東京UFJ銀行による特別参加者資格返上は、日本経済にとっていい話なのである。

こうした当然の話を大事件かのように報じるところが、日本のマスコミのレベルの低さを露呈しているとも言える。

国債の利回りがマイナスになっているのは、日銀のマイナス金利が一因であるが、そもそも国の借金が、世間で言われる1000兆円ではなく、実質的に100兆円を超えた程度しかないからである（詳細は100ページ参照）。

この状況では、財政破綻論者の言う国債暴落は起こらず、逆に国債は暴騰し、マイナス金利になるのも、もっともなのである。

三菱東京UFJ銀行の特別参加者資格返上を問題視するマスコミは、日本の財政状況が悪いと思い込んでいる。そのために、たった一つの銀行の特別参加者資格返上を大騒ぎするのだ（しかもこれは「入札参加者資格の返上」ではない！）。

しかもマスコミは、マイナス金利は日本経済に悪影響を及ぼすと思い込んでいる。

確かにマイナス金利は金融機関経営には「マイナス」だが、むしろ日本経済には「プラス」である。そしてマスコミは金融機関の片棒を担いでいるので、ここ数年間の金融機関の収益が大きいことには、決して言及しないのである。

諸悪の根源は消費増税である

不況時の増税は経済成長を阻害する

２０１５年10～12月期の日本の実質ＧＤＰ成長率は、前期に比べて－《マイナス》１・４％となった。この結果を受けて、マスコミ各社はいっせいに「アベノミクス限界か」「アベノミクスの失敗を認めるべき」などと報道した。

続く２０１６年１～３月期の同成長率（速報値）は、前期に比べて＋０・４％となったものの、マスコミの論調に大きな変化はない。

しかし、である。第二次安倍政権の発足前と発足後とを比較すると、主要な経済指標は軒並み改善している。たとえば、政権発足時の日経平均株価は８０００円台だったが、それが2倍以上に跳ね上がった。

２０１６年に入ってから為替は円高が進んでいるものの、年平均レートは、２０１２年には1ドル＝約80円だった。２０１５年は、約１２０円である。

完全失業率は4・3%から3・2%（2016年5月末日）に低下し、有効求人倍率は0・8倍から1・36倍（2016年5月末日）に改善している。この求人倍率は、バブル期以来の高水準である。

さらに、民主党（当時）政権時代に比べて就業者数が100万人以上も増加しているうえ、消費者物価指数もマイナスからプラスに転じ、デフレも克服しつつある。企業の倒産件数も記録的な低水準で、2015年は大企業、中小企業ともに過去最高の経常利益を上げている。

これらの状況を見れば、**アベノミクスは全体的には非常に大きな成果を上げた**と言って差し支えないだろう。もちろん完璧とは言えないが、それでもアベノミクスは日本経済を温めることに成功したのである。

もっとも、アベノミクスが当初期待されたほどの成果を上げていないことは事実で、景気回復のスピードは落ちている。その原因は、明らかだ。何かと言えば、消費増税である。

2014年4月から、消費税率が5%から8%へ引き上げられた。筆者は以前から消費増税には一貫して反対していた。なぜなら、増税が景気回復の足を引っ張り、日本がマイナス成長に転落する可能性が高いことがわかっていたからだ。

図表6　実質GDP成長率の見通し

	2013年度	2014年度
政府	2.8% (2.1＋0.7)	1.0% (2.1−0.7−0.4)
日銀	2.8% (2.1＋0.7)	1.3% (2.1−0.7−0.1)
民間シンクタンク	2.8% (2.1＋0.7)	0.6% (2.1−0.7−0.8)

大半の関係者が消費増税してもプラス成長になると見通していた

資料:筆者作成

しかし、多くの経済学者や経済評論家、エコノミストたちは、「増税による景気への影響はない」と予測していた。彼らだけではない。日本政府も日本銀行も、そして財務省も、「増税の影響は軽微」と考えていたのである。**図表６**は、当時の日本政府、日本銀行、民間シンクタンクの２０１３年度と２０１４年度の実質ＧＤＰ成長率の見通しである。

２０１３年度の実質ＧＤＰ成長率について、日本政府、日本銀行、民間シンクタンクの見通しは＋２・８％で共通していた。

消費増税後の２０１４年度の見通しについては色合いが少し異なり、日本政府は＋１・０％、日本銀行は＋１・３％、民間シンクタンクは＋０・６％と予想し、いずれも実質ＧＤＰ成長率は低下するものの、プラス成長を維持できると考えていたのである。

税制改革を経済政策として使うときの原則は、景気が悪いときは減税し、景気がよくなって過熱気味になったときに冷水をかける意味で増税を行うというものである。筆者に言わせれば、2014年度は増税のタイミングではなかった。

アベノミクス（金融政策）の効果は2～3年ほど経たないと現れない。増税が実施された2014年4月は効果が充分に現れていない時期であり、そのタイミングでの増税は、充分に温まっていない身体に冷水を浴びせかけるようなものだった。

そもそも増税の目的は何かと言えば、税収を増やすことだ。しかし、これまでの歴史を振り返ってみると、増税は必ずしも税収アップに結びつかないことがわかる。税収の増減は、その時点の経済状況に大きく依存するのである。

まして、デフレ下での増税は逆効果で、むしろ経済停滞を招きかねない。

1997年の日本がよい例だ。1997年4月から、日本の消費税率はそれまでの3％から5％へ引き上げられたが、その後の景気悪化で、国の一般会計税収は減収の一途をたどった。財務省は、「その後の景気の落ち込みはアジア通貨危機の影響で、消費増税が原因ではない」と主張し、「これは学界の意見だ」と付け加えたが、それは間違いである。学者はこうした分析がもともと苦手で、アジア通貨危機説は財務省がこしらえたものであり、その見解を学者がなぞっただけだ。

もちろん、タイや韓国などの通貨急落が発端となって起きたアジア通貨危機が、日本経済に大きな影響を及ぼしたことは事実である。増税と合わせて、言わばダブルパンチが日本を襲ったのだ。

1997年当時、筆者は大蔵省の官僚だった。税収減と景気減退の原因について、当時の省内は「アジア通貨危機のせいにしよう」という雰囲気だった。筆者は、その雰囲気に違和感を覚え、そのときに着目したのはアジア諸国の経済変動だった。もし、アジア通貨危機が原因で日本が経済的な苦境に立たされたのであれば、震源地のタイや韓国と関係の深い国のほうが影響は大きいはずだと考えたのである。

しかし、**日本への影響は他のアジア諸国よりも大きかった**のだ。

ちなみに、1998年の経済停滞は日本も含めたアジア各国で起きたが、翌1999年は、日本だけがマイナス成長に陥り、他のアジア諸国は回復している（**図表7**参照）。

しかも、図表7を見ればわかるが、アメリカ、中国、台湾は、タイや韓国との関係において日本と同じような状況でありながら、経済が落ち込むことはなかった。これは、日本に「アジア通貨危機」という外的な要因以外に、固有の要因が存在することを示していた。

図表7　アジア諸国とアメリカの成長率の推移

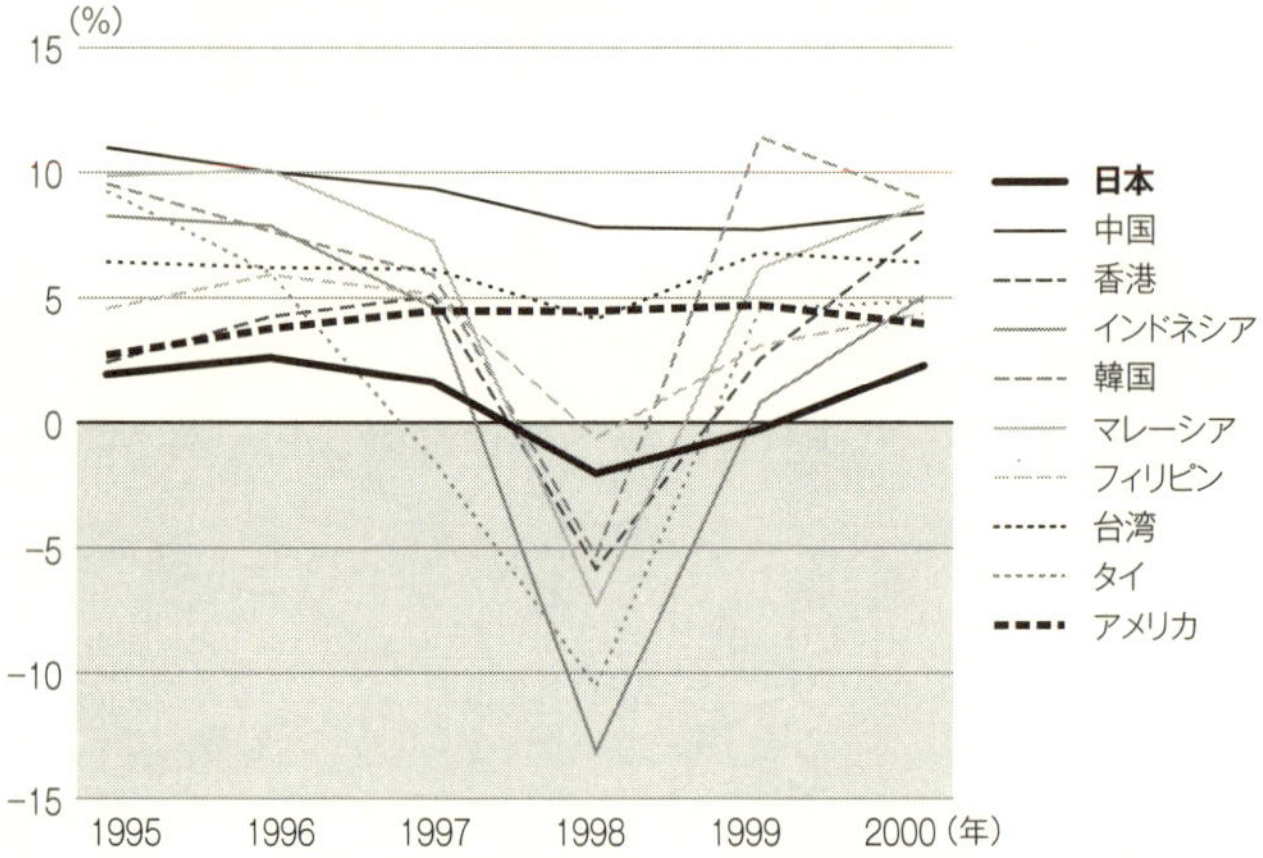

資料：IMF World Economic Outlook

　それは何かと言えば、１９９７年４月からの消費増税以外に考えられなかったのである。すなわち、１９９７年の消費増税は大失敗だったのだ。

　筆者は、２０１４年４月からの消費増税の影響を考えるときに、リーマンショック前後でのヨーロッパにおける消費増税を参考にした。このとき、①消費増税前、②増税時、③増税後、それぞれの実質経済成長率がどのように変化しているかを調べた。

　対象はヨーロッパ27カ国として、２０００年から２０１２年まで基本税率の引き上げと軽減税率の引き上げをすべて消費増税としてカウントした。

　１年のうちに複数回の税率改正があった

場合は1回とカウントするなど、計38回について、①消費増税1年前、②増税時、③消費増税1年後のそれぞれの国の実質経済成長率とユーロ圏の平均実質経済成長率との差がどうなっているかを調べてみたのである。

細かい計算は省くが、ヨーロッパでの消費増税は、**増税時と増税後の2年間で1・7%も実質経済成長率を低下させる結果になっていた。**

このときの分析では、税率の変化との関係は考慮しなかったが、ほとんどの国が税率換算で1%程度の小規模な消費増税である。日本の場合は3%のアップであり、それがもたらす負の影響はかなり大きくなり、マイナス成長に転落することが予想できた。よって筆者は安倍首相に「消費増税したら、2014年度の経済成長はマイナスになります」と進言した。

結果はどうだったかと言えば、消費増税を実施した2014年度の日本のGDP成長率は、−《マイナス》0・9%だった。

手前味噌で恐縮だが、筆者の予測は的中し、大半のエコノミストや学者の予測は外れたことになる。その意味では、「消費増税の影響は軽微」と断言していたエコノミストたちは無責任と言わざるを得ない。にもかかわらず、彼らはそのことについていっさい謝罪も釈明もせず、堂々と執筆や講演を続けている。

読者の皆さんは、ぜひ2014年前後に出版された経済解説本やビジネス書を古本屋で買って読んでみてほしい。読めば、誰と誰が間違っていて、誰が正しいことを言っていたかが一目瞭然である。そのような本を新品で買うのはお金がもったいないが（出版社には申し訳ないが）、古本ならそれなりに楽しめるだろう。

最近では、予測が外れまくっている一昔前の経済解説本やビジネス書を「ヴィンテージもの」と呼んで面白がる向きもあるようだが、ワインと違って熟成はまったく期待できないため、筆者は品質を保証しないことをあらかじめお断りしておく。

エコノミストの予測が外れるのは経済学部が「文系」だから

経済成長の源泉はさまざまだが、「消費」が大きなカギを握っていることは確かである。そもそも国民の「消費支出」の額はどのように決まるかと言うと、可処分所得の多寡《たか》である。

可処分所得とは、世帯の実収入から、税金や社会保険料などの「非消費支出」を差し引いた金額だ。一方の「消費支出」とは、生活必需品の購入や公共料金の支払いなどであり、この可処分所得から消費支出を差し引いた残りが、貯蓄になる。

可処分所得のうち、消費支出に充てられる額が占める比率を「消費性向」と言う。消費性向は収入によって変化するが、およそ7～8割といったところだ。可処分所得が100万円だった場合、そのうち70万～80万円が消費に充てられる。もし可処分所得が200万円に増えれば、140万～160万円が消費支出に充てられることになる。

消費税は消費支出にかかる税金であり、税率がアップすると家計の消費負担率は上昇する。これは、可処分所得の減少を意味する。

賃金が上がっていれば影響はないが、増税が実施された2014年4月は金融政策の効果がまだ賃金上昇という形で現れていない時期だった。賃金が増えていない場合、贅沢品の購入を我慢したり、より安い生活必需品を求めたりする人が増える。そのため、トータルでは需要（消費）の減少を招き、経済成長を阻害するのだ。

別の言い方をすれば、消費税率の引き上げは、実質的には緊縮財政と同じ効果をもたらす。5％から8％に消費税率を上げると、税収ベースで考えると8兆円程度の増税になる。この数字はGDPの2％弱であり、影響が小さいはずがない。普通に考えればわかることで、計算も簡単にできるはずだが、前述したように、ほとんどのエコノミストや経済学者たちは、「消費増税の影響は軽微」「プラス成長を維持できる」と主張していたのだ。

ここで、読者の皆さんは「経済の専門家同士の間で、なぜ見解が分かれるのか?」と疑問に思ったかもしれない。たとえば、プロ野球は「数字」のゲームだ。打率、防御率、奪三振率、盗塁阻止率など、成績がすべて数字で表される。

経済にも同じようなことが言えて、あらゆる現象が数量的に表される。もちろん統計手法や分析方法の違いなどによって最終的な数字が微妙に違ってくるケースもあるが、大きな方向性は変わらない。同じデータに基づいて考え、同じ数字を使って計算すれば、小数点以下の単位では差異が生じることがあったとしても、「プラスかマイナスか」という大きな方向性について見解が分かれることはないはずだと思うだろう。

しかし、2014年度のマイナス成長を予測していたのは、筆者を含めたごく一部のエコノミストや学者だけだった。大半のエコノミストたちの予想は大外れだったのだ。

なぜそのようなことが起こるかと言えば、筆者は、「大学教育」に原因があるのではないかと思っている。

読者の皆さんもご存じのように、日本では、経済学部は「文系」学部に分類されている。これがそもそもの間違いだ。**経済学は、数字やデータ、グラフを使って考えたり分析した**

り計算したりする学問であり、本来なら「理系」に分類されて然《しか》るべき分野である。

筆者は数学科の出身だが、世の中のエコノミストのほとんどは文系出身者であり、計算を不得手としている。

筆者のイメージでは、経済学は「工学」に近い分野で、精密科学ではなく、その意味では、バリバリの理系とは言えないかもしれないが、いずれにしろ、理数系の素養が必要なことに変わりはない。筆者はかつてアメリカのプリンストン大学に留学した経験があるが、そこで知遇を得たベン・バーナンキ前ＦＲＢ（米連邦準備制度理事会）議長をはじめ、海外の経済学者には数学の素養があった。

本来なら理系学部に分類されるべき経済学部が文系学部に分類されている理由は、実は、大学の「経済」的な要因によるところが大きい。経済学部を理系に分類してしまうと、大学は受験生を集められなくなり、経営が苦境に立たされるからだ。

大学の経営は、実は受験料が大きな収入源となっている側面が強いのだ。もし経済学部を理系学部に分類して、数学を試験科目に据えると、受験者数が激減してしまう。大学にとって、それは死活問題になりかねない。

多くのエコノミストの予測が外れるのは計算ができないからであり、その背景に存在しているものは、経済学部が文系に分類されていることである。日本はノーベル賞受賞者を多数輩出しているが、経済学賞を受賞した日本人はいまだかつて一人もいない。それは、数学の素養がないことに原因の一つがあるのではないかと筆者は考えている。

2017年4月の消費再増税スキップは当然だ

2016年6月1日、安倍首相は2017年4月に予定していた消費税率の10％への引き上げを、2019年10月まで2年半延期する方針を正式発表した。

実は、安倍首相が消費増税の2年半の延期を発表する前に、本書を書き終えていたのだが、筆者は消費増税が見送りになる前提で書いていたために、原稿を大幅修正する必要がなかった。なぜ筆者が消費再増税の延期を事前に予測できたか説明しよう。

理由の一つは、「軽減税率」をめぐるドタバタだ。

軽減税率とは、食料品など特定の対象品目について消費税率を低く設定するもので、政権与党が導入を検討している。

導入する目的は、低所得者の相対的な負担割合を緩和（軽減）することである。消費税率が高いことで知られるヨーロッパでは、多くの国々がこの制度を導入している。

一見、低所得者に優しい政策のように思えるが、軽減税率はそもそも対象品を購入する富裕層にも恩恵があり、「弱者対策」として胸を張れる政策ではない。

しかも、である。対象品目と非対象品目を判断する線引きが極めて難しく、ヨーロッパでは判断基準をめぐって裁判沙汰になったこともあるほどだ。読者の皆さんも、「一種類の魚の刺身は生鮮食品だが、刺身の盛り合わせは加工食品になるので適用されない」「外食や出前は生鮮食品なのか否か」などといった議論を耳にしたことがあるだろう。

たとえばイギリスでは、「温かい」ピザには軽減税率が適用されて、「冷めた」ピザには適用されない、などといった細かい線引きがなされている。このように、一つひとつの項目を仔細に検討していては、時間がいくらあっても足りない。

軽減税率の歴史が古いヨーロッパでも過去に侃々諤々《かんかんがくがく》の議論が展開されており、現在の制度に落ち着くまでに長い期間を要している。日本の議論は今まさに始まったばかりであり、短期間で答えが出るはずがない。

軽減税率を導入すると、そのぶん税収が減るため（増税する意義が薄れるため）、自民党や財務省は導入に反対していた。導入を主張していたのは、政権与党の一角を担う公明党で、2015年12月の自民党と公明党の協議により、軽減税率の対象品目は「飲食料品」となり、酒や外食を除くことで決着した。

また、定期購読契約が締結された週2回以上発行される「新聞」も含まれることになった。読者の皆さんは、「なぜ新聞が?」と思ったかもしれないが、これは、新聞業界が要求していたからだ。新聞業界の要求の根拠とされていたのは、新聞は報道・言論によって民主主義を支えるとともに、国民に知識・教養を広く伝える役割を果たしているというものだ。自公協議により一つの結論が出たことで、軽減税率をめぐる議論は幕引きしたように見えるかもしれないが、線引き問題がこれで落ち着くはずがない。

たとえば、出版業界は「新聞が認められるなら、書籍も対象にすべきだ」と要求し始めるに違いないし、もし書籍が認められれば、「雑誌も国民に知識・教養を広く伝える役割を果たしている」という根拠を示して、軽減税率の適用を求めるだろう。音楽業界や映画業界も「CDやDVDも重要だ」と言い出すかもしれない。

とにかくあらゆる業種、企業が自社製品やサービスへの適用を求め始めるに違いなく、収拾がつかなくなるのは目に見えている。

年配の方は覚えていると思うが、1989年の消費税導入以前、日本では贅沢品に「物品税」が課されていた。物品税は現在のように商品やサービスに対して一律にかけられる税金ではなく、「個別」の消費税という意味合いを持つ税金で、車や宝石、毛皮などが課税の対象とされていた。

当時も、「贅沢品」の線引きをめぐって揉めた経緯がある。特に話題になったのは、レコードの扱いである。当時、「歌謡曲」を収録したレコードは贅沢品として課税されていたのに対し、「童謡」を収録したレコードは課税されていなかった。「およげ！たいやきくん」という大ヒット曲を覚えておられる方も多いと思うが、この曲が歌謡曲なのかそれとも童謡なのかで大いに揉めたのである（最終的に童謡と判断されて非課税になった）。

いずれにしろ、線引きの問題を抱えたまま、消費増税を政治的に断行することは、かなりの難問である。これは、消費増税を中止、あるいは再延期するための補強材料になると考えていたのだ。

もっとも、消費税率アップは法律によって定められている。安倍首相も消費税率10％への引き上げについて、「今度は前回（2014年）のような景気判断は行わず、リーマン（ショック）級のような世界的な出来事が起こらないかぎり、我々は予定どおり引き上げていく」と述べていた。政治的なレトリックから見れば、安倍首相の発言は、TPP（環太平洋パートナーシップ協定）について「聖域なき関税撤廃を前提にするかぎり、TPP

交渉に参加しない」と言っていたのと同じレベルだ。

しかし現在は、とても消費再増税を決定できる状況ではない。なぜなら安倍首相は、2014年4月の消費増税を失敗ととらえているからだ。

さらに経済状況が悪くなる外的要因は他にもある。それは「中国経済の減速」である。

中国経済の減速は疑いようがない

中国のGDPはまったく信用できない

2015年6月以降、中国・上海の株式市場で猛烈な株安が進み、それが8月の世界同時株安の引き金になった。日経平均株価も、8月下旬の1週間で3000円近くも下落した。その原因は中国株、ひいては中国経済の減速であると考えられており、巷間で「中国ショック」と呼ばれている。

中国経済に関しては、断片的にさまざまな話が聞こえてくる。「バブルが崩壊した」と訳知り顔で話す識者もいる。しかし、こうした話ではバブルという用語もきちんと定義されておらず、データに基づかない印象論だ。もっとも、中国経済についてはは正確なデータを入手することがそもそも困難なため、この点は責められないだろう。

筆者のようにデータに基づく分析を重んじる人間から見れば、中国経済の統計データは眉唾物である。しばしば、中国のGDP統計は当てにならず、「電力消費量」「鉄道貨物輸送量」「銀行融資残高」の3つの指標だけが信用できる統計だと言われてきた。

これは、かの「ウィキリークス」によって暴露された、アメリカ大使に対する李克強氏（中国国務院総理）の「遼寧省のGDP成長率など信頼できません。私は省の経済状況を見るために、省内の鉄道貨物輸送量、銀行融資残高、電力消費量の推移を見ています」という過去の発言に基づくもので、これらの3指標は「李克強指数」とも呼ばれている。

これらの3つの数字はもちろん中国国家統計局も公表しており、その動きはGDPの数字とかなり連動している（**図表8**参照）。「電力消費量」「鉄道貨物輸送量」「銀行融資残高」の伸び率と「GDP」の伸び率の最近3年間の相関を見ると、経済が減速傾向であるにもかかわらず、それぞれ0・68、0・92、0・78と高く、「李克強指数」だけが正しいとは、とてもではないが言いにくい。

この意味で、筆者は、中国の統計はそのすべてが信用できないと感じている。これは、社会主義体制時代の旧ソ連と同じ構図である。国家が経済活動に当事者として関与しすぎると、統計は当てにならなくなる。なぜなら、統計数字はすべて国家および政治体制の評価に直結するからだ。

図表8 中国のGDPと電力消費量、鉄道貨物輸送量、銀行融資残高（対前年同期比）の推移

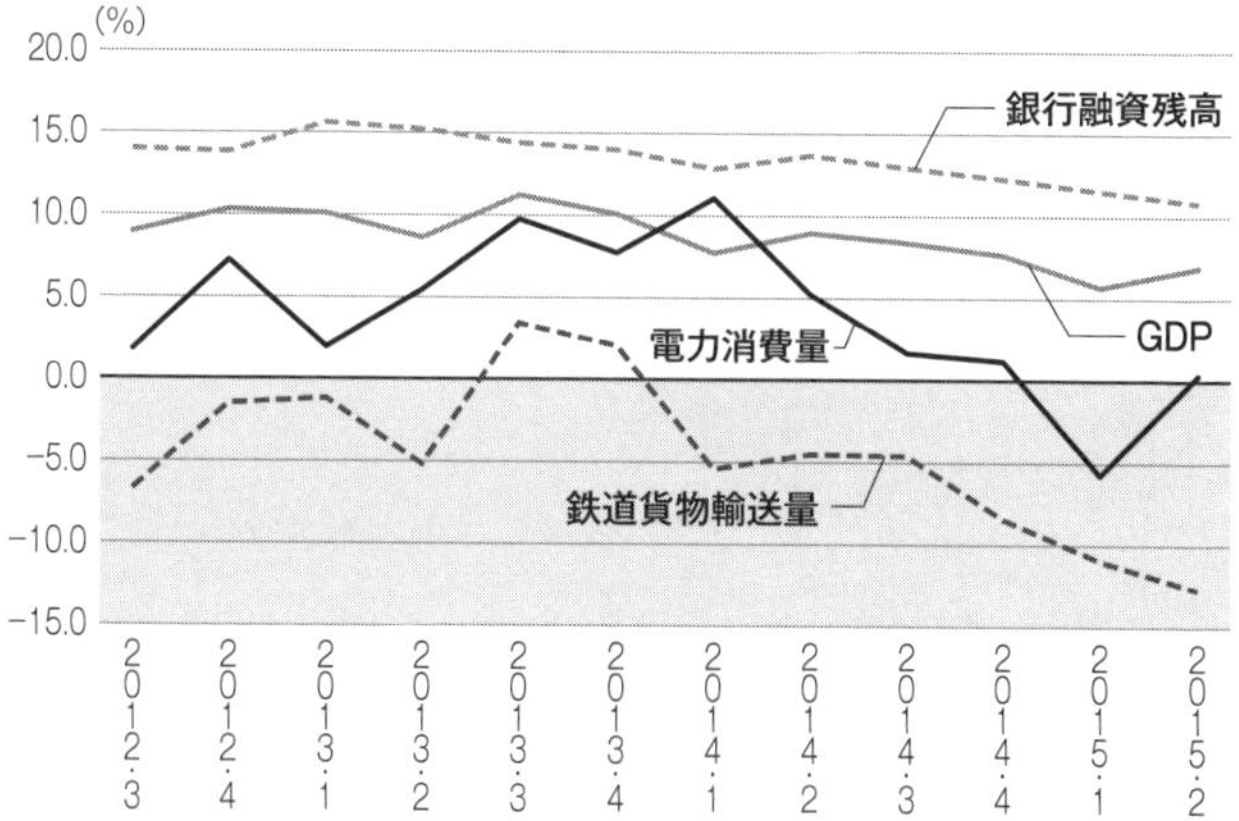

資料：中国国家統計局

日本のような資本主義国では、市場経済の割合が多いため改竄《かいざん》のインセンティブが働かない（政府活動の評価に直結しない）ことに加え、統計組織が分散型になっており、相互に各種統計をチェックすることによって、ますます改竄インセンティブが働かない仕組みになっている。

しかし、社会主義国家は逆だ。

社会主義体制時代の旧ソ連では、ペレストロイカの以前まで経済統計が改竄されていたことが知られているが、当時、それについて批判することはタブーになっていた。

しかし、ペレストロイカとタイミングを同じくして、研究者などがそのデタラ

メ具合を明らかにし始めた。

たとえば１９８７年、ジャーナリストのセリューニン氏と経済学者のハーニン氏による論文『狡猾な数字』が発表された。それによれば、旧ソ連の公式統計では１９２８〜１９８５年の国民所得の伸びが90倍になっているが、実際には６・５倍にすぎなかったと述べられている。平均成長率で言えば、年率８・２％から３・３％へのダウンとなり、旧ソ連は５％も数字を水増ししていたことになる。

他にも、ロシア科学アカデミーのクードロフ博士による『１９９１-１９９３年ロシア経済状況の統計と判断』（１９９４年）という論文には、「旧ソ連における工業生産が（１９１７年から１９８７年までの）70年間に３３０倍に増加し、国民所得が１４９倍になったことを裏付けるような計数はまったく存在しない。ところが、他ならぬこうした数字がソ連邦国家統計委員会の統計年鑑記念号に載っている」と書かれている。

それによると、１９８５〜１９９１年のソ連の国民所得成長率の公表値は、現実値より１〜13％、平均で６・８％も高かった。公表数字では１９８９年まではプラス成長で、１９９０年からマイナス成長に転じたが、現実には１９８６年からマイナス成長だったという。旧ソ連は、何十年にもわたって国内外を騙し続けてきたのである。

中国の統計は、それを作成する組織もその手法も旧ソ連から教えられたノウハウによっている。また中国は、旧ソ連を模倣して中央集権的な統計組織を構築しており、現在では中国国家統計局として、各種統計を集中管理している。

当然、統計の算出方法も旧ソ連から指導を受けたはずだ。中央集権的な統計組織は効率的なように見えるが、統計調査の改竄が容易にできることが難点である。中央集権、計画経済を旨とする社会主義国家では、統計はどうしたっていい加減になるのである。

旧ソ連と同じことを、その「弟子」である中国が行っていないという保証はまったくない。中国の経済統計は、集計から発表までの期間が極めて短いことでも名高いが、これも統計の信頼性を貶《おとし》めることに貢献している。たとえば、2015年10〜12月期のGDPについて、日本は2016年2月15日に公表したが、驚くべきことに、中国は2016年1月19日の発表だ。日本より1カ月も早い。

GDP統計は、各種統計を加工した二次統計であり、算出には一定の時間が必要である。にもかかわらず、中国は2週間強という異例の早さで発表している。本当に統計処理が速いのであれば問題はないが、適当に作成している——すなわち「インチキ」なのではないかという疑いがどうしても拭えない。

ＧＤＰを算出する際のもともとのデータは各地方で集計した諸データだが、社会主義体制の弊害から、地方段階でデータが都合よく書き換えられているという噂も絶えない。統計データ（成績）がよいと、役人の出世につながるからである。

ＧＤＰデータを外部の第三者がチェックする際には、物価や失業率の動きと、ＧＤＰの動きに整合性があるかどうかを見るのが一般的だ。

たとえば、中国は消費者物価統計の発表も早い。２０１５年12月の消費者物価指数については、中国では1月9日に公表されている。日本では1月29日だ。消費者物価統計は、多くの品目を綿密に調べるため時間がかかるはずだが、中国の発表スピードは、ギネスブックに登録されても不思議ではないほどの速さだ。

失業率については、中国で全国を網羅した失業率の調査は実施されていないため、検証はかなり困難だ。しばしば中国で報道されている失業率の正式名称は「登記失業率」と言い、これは政府に登録された失業者のみのため、事実上は失業でありながら、「登記失業率」の対象に入らない人が少なくない。

こうした事情から、中国のＧＤＰ統計の信憑性は疑問視されているのである。

輸出入統計から推計した中国のGDP成長率は－《マイナス》3％！

もっとも、中国が発表する統計の中にも、一つだけ信頼できる統計データがある。それは、「輸出入統計」だ。中国はＷＴＯに加盟しており、輸出入統計はすべてのＷＴＯ加盟国が公表を義務付けられているため、さすがの中国も、この数字だけはごまかすことができない。なぜなら、輸出入には相手国が必ず存在するからだ。

中国と貿易をしている国々は、中国向けの輸出額を発表している。それらをすべて足し算すれば、中国の輸入額とほぼ等しい数字になるのである。その数字を見ると、**2015年の中国の輸入額は前年比14・1％減だ**。これは、衝撃的な数字である。

輸入の伸び率とＧＤＰの伸び率との間には、正の関係がある（ＧＤＰが伸びているときには輸入も伸びている）ことが知られている。ＧＤＰ統計が信頼できる先進国の２０１０～２０１２年の輸入の伸び率とＧＤＰの伸び率は**図表9**のとおりだ。

ちなみに図表にある「相関係数」とは２つの確率変数（起こり得る可能性）の間の類似性の度合いを示す統計学的指標のことである。－《マイナス》１から＋１の間の実数値をとり、＋１に近ければ類似度が高く、－《マイナス》１に近ければ類似度が低く、１だと完全に相関することを意味する。

図表9 先進国における輸入とGDPの伸び率の関係
(2010〜2012年)

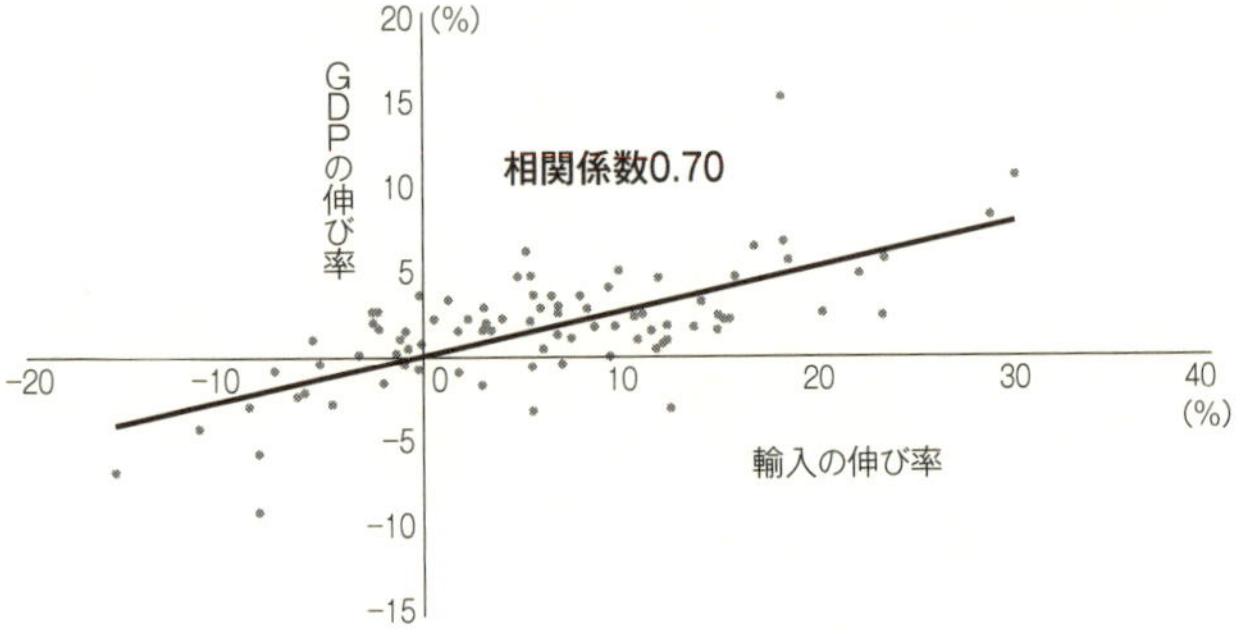

資料：IMF World Economic Outlook

これを見ると、輸入が前年比で10％以上も減少しているときに、GDPがプラス成長になることはまず考えられないことがわかる。このグラフを使って、**中国のGDP成長率を推計すると、「−《マイナス》3％」程度**である。中国政府のシンクタンクである中国社会科学院は、2015年のGDP成長率を「＋6・9％」と発表しているが、これはおそらくウソだろう。

もし、筆者のこの推計が正しければ、中国経済は強烈な減速局面に突入していることになる。世界貿易における中国のポジションを確認すると、中国の輸出入額を合計した貿易総額は約4兆ドルとなっている。これは世界第1位である。輸入額については、アメリカに次ぐ世界第2位だ。輸入のうち、アジアからのものが5割を超えている。中国の輸入は相手国から見れば輸出であり、国別で見ると、韓国、日本、台湾、アメリカの順に多い。

また、東アジアの高成長国も中国への輸出が多く、中国依存度が大きい。中国経済が減速した場合、中国では輸入の減少につながるが、相手国では輸出の減少となってGDPを低下させる。その輸出国のGDP低下は、その国の輸入を減少させることになり、それがさらに第三国の輸出を減少させるといった「波及効果」がある。

要するに、貿易面から見れば、中国経済の失速はアメリカのそれと大差ないくらい、世界経済に与える影響が大きいものになるということだ。

しかも、その影響は中国との貿易依存度が大きいアジアでより深刻になるはずだ。

ちなみに、リーマンショック後の2009年、アメリカのGDPは3%程度減少し、輸入も15%程度減少した。貿易関係を通じた実体経済への影響については、現在の中国の経済減速は、リーマンショック後のアメリカと酷似している状況だ。この意味では、中国ショックはリーマンショック級の事態に深刻化する可能性を秘めているのである。

中国は「中所得国の罠」にはまり込んでいる

中国の話をしたついでに、中国経済が根本的に抱えている問題について考えてみよう。

図表10 中所得国の罠

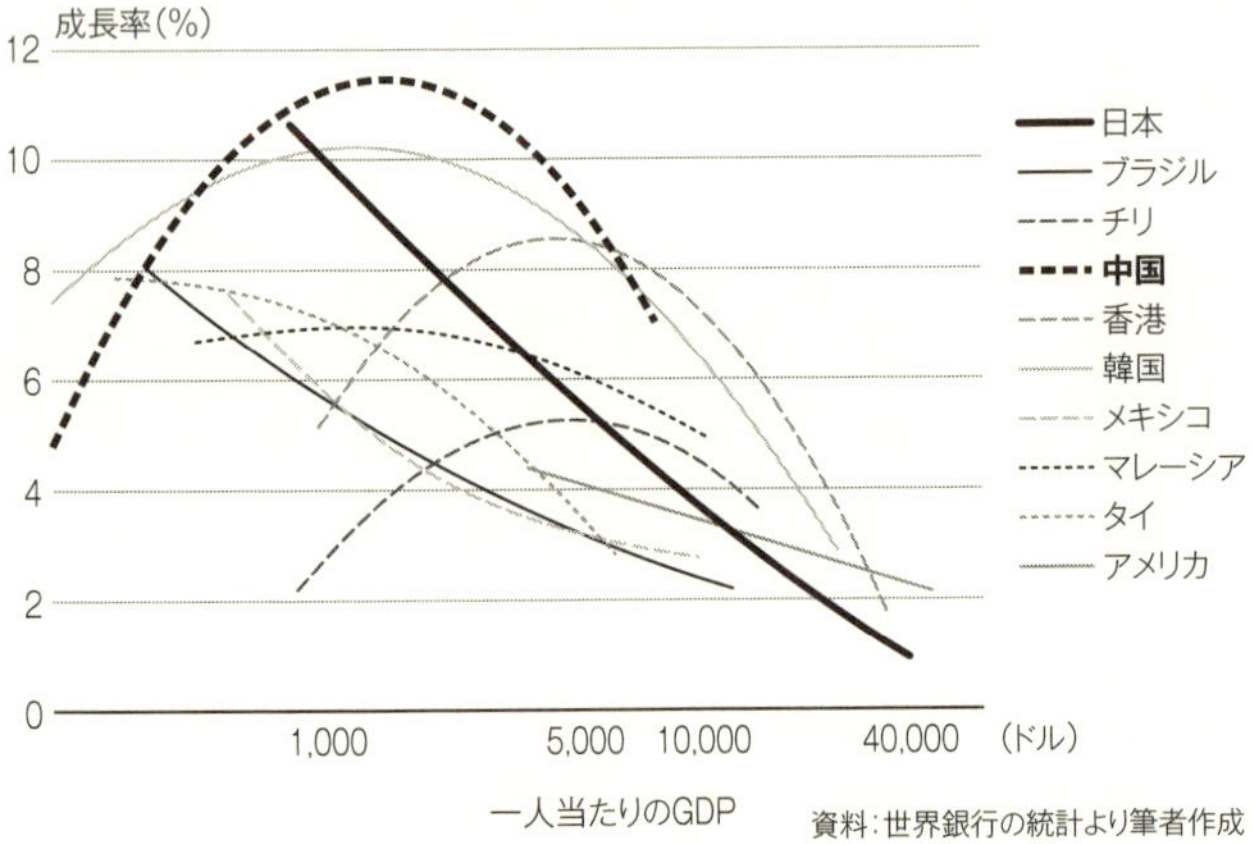

資料:世界銀行の統計より筆者作成

「中所得国の罠《わな》」という言葉を聞いたことがあるだろうか。「中所得国の罠」とは、多くの途上国が経済発展により一人当たりGDPが中程度の水準（1万ドルが目安とされる）に達した後、発展パターンや戦略を転換できず、成長率が低下、あるいは長期にわたって低迷することを言う。

この「中所得国の罠」を突破することは、簡単ではない。アメリカは別格として、日本は1960年代に、香港は1970年代に、韓国は1980年代にその罠を突破したと言われている。一方で、アジアの中ではマレーシアやタイが罠にはまっていると指摘されている。中南米でも、ブラジルやチリ、メキシコが罠を突破できずにいるようで、いずれの国も、一人当たりGDPが1万ドルを突破した後、成長が伸び悩んでいる。

図表10は、中国の動きを前述の国々のこれまでの軌跡とともに示したものだ。実際のデータはかなり複雑な動きなので、それぞれ二次曲線で回帰させ、各国の特徴がわかるようにしている。

これまで中国は驚異的な成長率を保ち、「中所得国の罠」を破ろうとする勢いだったが、図表10を見れば、急速に成長率が低下して壁に突き当たっている様子がうかがえる。

これまでの先進国の例を見ると、この罠を突破するためには、社会経済の構造改革が必要である。社会経済の構造改革とは、先進国の条件とも言える「資本・投資の自由化」である。日本は、東京オリンピックの1964年に、OECD（経済協力開発機構）に加盟することによって「資本取引の自由化に関する規約」に加入し、資本・投資の自由化に徐々に踏み出した。当時、それは「第二の黒船」と言われたが、外資の導入が経済を後押しし、それが奏功して、日本の一人当たりGDPは1970年代半ばに5000ドル、1980年代前半に1万ドルを突破した。

資本・投資の自由化をすれば、国有企業改革も当然せざるを得なくなる。この意味で、「中所得国の罠」を突破できるかどうかは、適切なタイミングで資本・投資の自由化を行えるかどうかにかかっていると言える。

では、中国ははたして「中所得国の罠」を破れるだろうか。筆者は**中国が一党独裁体制に固執し続けるかぎり、罠を突破することは無理**だと考えている。

ミルトン・フリードマン氏の名著『資本主義と自由』（1962年）には、政治的自由と経済的自由には密接な関係があり、競争的な資本主義がそれらを実現させると述べられている。経済的自由を保つには政治的自由が不可欠であり、結局のところ、一党独裁体制が最後の障害になるのだ。

そう考えると、中国が「中所得国の罠」を突破することは難しいと言わざるを得ない。

日本の財政は悪くない

「日本の借金は1000兆円」という財務省による洗脳

話を消費増税の延期に戻そう。そもそも消費税率を引き上げる目的は、「税収」を増やすためである。税収を上げたがっているのは誰かと言えば、それは財務省だ。景気が充分に回復していない状況での増税は経済成長を阻害することが明白であるにもかかわらず、なぜ財務省は消費税率を上げたがるのか？　その理由については後述するが、増税の方便として使われているのは、いわゆる「日本の借金」である。

1000兆円――。

この数字を見て、おそらく読者の皆さんのほぼすべてが、「日本の借金」という言葉を頭に思い浮かべたに違いない。それほどまでに、「日本の借金1000兆円」というフレーズは巷間に定着してしまっている。メジャーリーガーのイチロー選手が「天才打者」「安打製造機」、北海道日本ハムファイターズの大谷翔平選手が「球速160㎞／h」「二刀流」といった言葉とともに語られるのと同じように、「借金1000兆円」は、今では日本の国家財政を語るときの枕詞になっている感さえする。

この1000兆円という金額、もはや想像することすら難しい巨大な数字だ。何しろ、算用数字で表すと1の後ろに0が15個も並ぶのである。

たとえば、私たちの太陽系が属する天の川銀河は約2000億個の恒星の大集団だが、1000兆と言えば、その5000倍である。つまり、天の川銀河サイズの銀河5000個分が持つ恒星の数と等しい数字になる。まさに「天文学的」という言葉がピッタリくる途方もない数字と言えるだろう。

ついでにもう一つ付け加えると、1万円札の厚さは約0・1ミリと言われている。1000兆円分の1万円札（1000億枚になる）を1枚ずつ垂直に積み重ねていったらどの程度の高さになるかと言えば、なんと1万キロメートル（！）だ。1万メートルではなく、1万キロメートルである。アメリカや日本などが共同で運用している国際宇宙ステーション（ISS）は、地上から約400キロメートル上空の軌道上を周回飛行しているが、高さ1万キロメートルと言えば、そのはるか先の完全な宇宙空間だ。この意味でも、天文学的な数字と言えよう。

さて、日本の借金に関して、読者の皆さんも次のようなセリフを耳にしたことがあるはずだ。

「日本の借金（公債＋借入金＋政府短期証券）は約１０００兆円で、これは国民一人当たりに換算すると８００万円になります。国民の皆さん、このような莫大な借金を子や孫の世代に背負わせていいのでしょうか？　この借金を返さなければ日本の財政は、まもなく破綻します。破綻を防ぐためには、増税が必要です」

これは、消費税率を上げたくて仕方がない財務省（旧大蔵省）が20世紀末から繰り返してきた主張で、ほとんどのマスコミがその説明を真に受けて巷間に垂れ流してきたものだ。

しかも、２０１６年７月の参議院選挙から選挙年齢が20歳から18歳に引き下げられたことを受けて、財務省は、10代の若者に日本の財政について関心を持ってもらおうと、中高生の授業で使える教材（財政学習教材）を作成した。

その教材は、財務省のホームページで閲覧できる。興味のある方はご覧になっていただきたいが、中にはとんでもないことが書かれている。

その中でも、筆者が特に問題だと思ったのは、教材内の９〜11（**図表11**）である。

図表11の９は、いわゆる「ワニの口」と呼ばれているもので、税収（歳入）より支出

図表11　財務省が作成した教材(9~11)

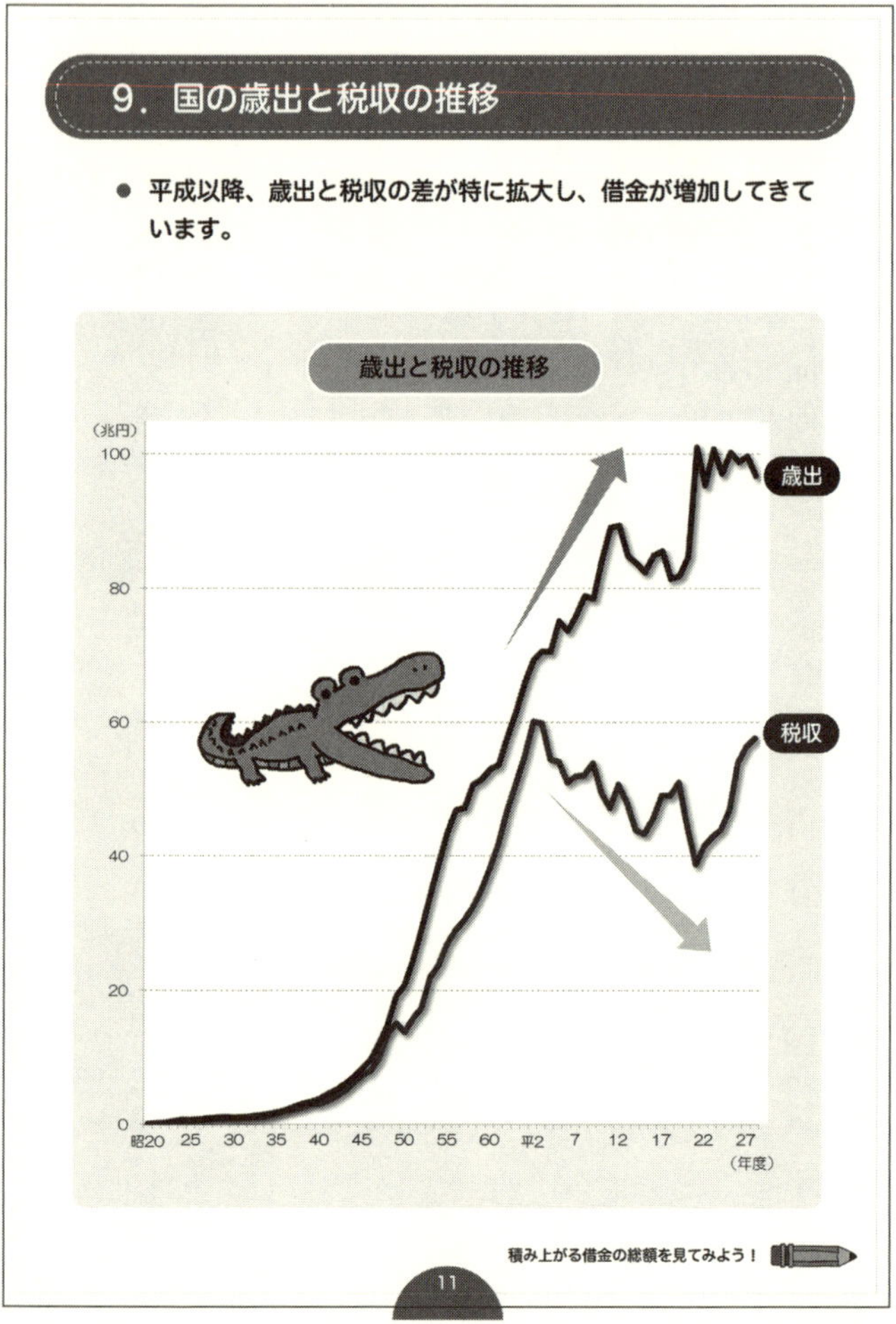

資料：財務省

10. 急速に積み上がる国の借金

- 毎年借金を続けた結果、国の借金は急速に積み上がっています。平成28年度末の国債総額は838兆円に達する見込みです。

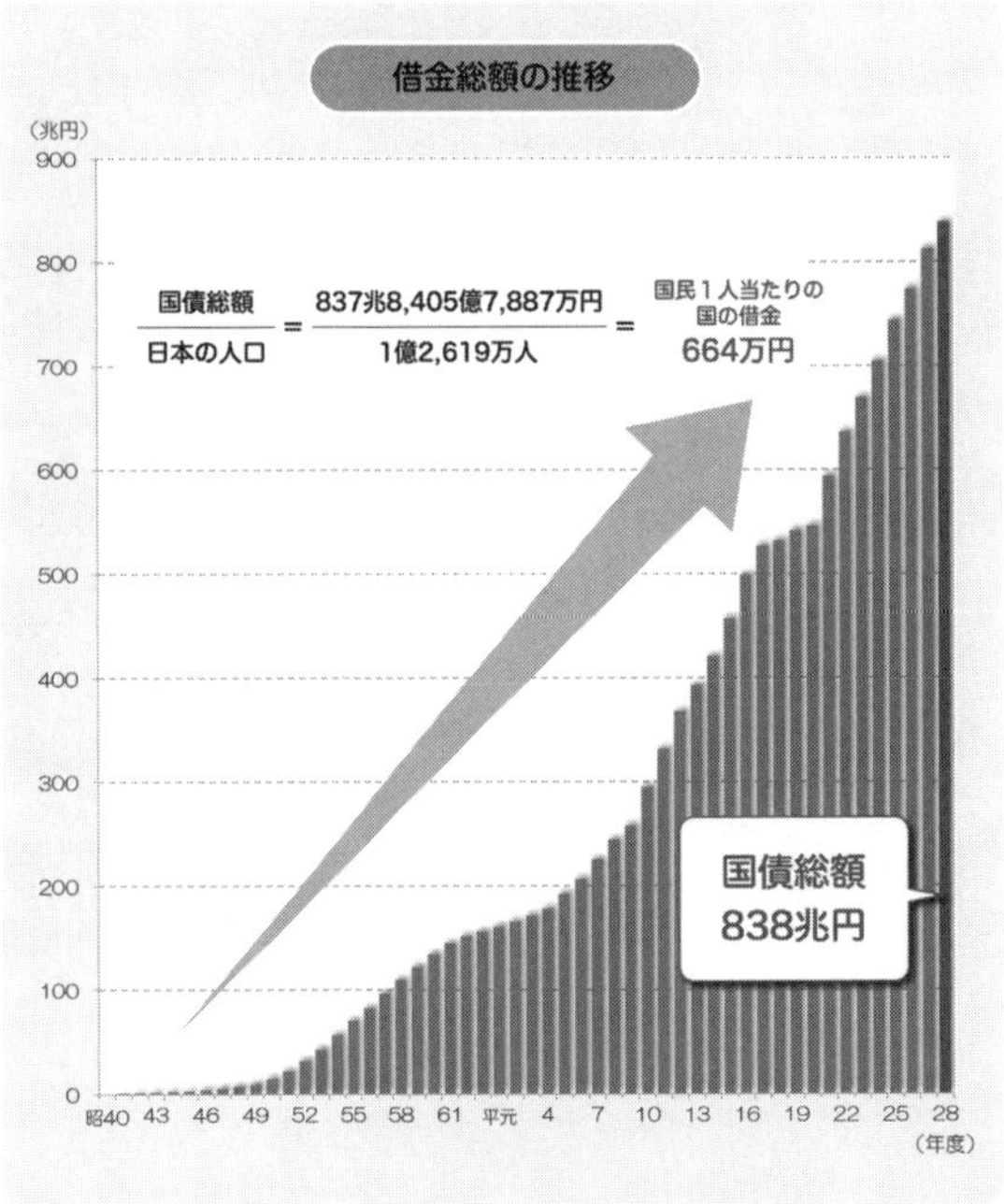

借金の国際比較をしてみよう！

12

資料：財務省

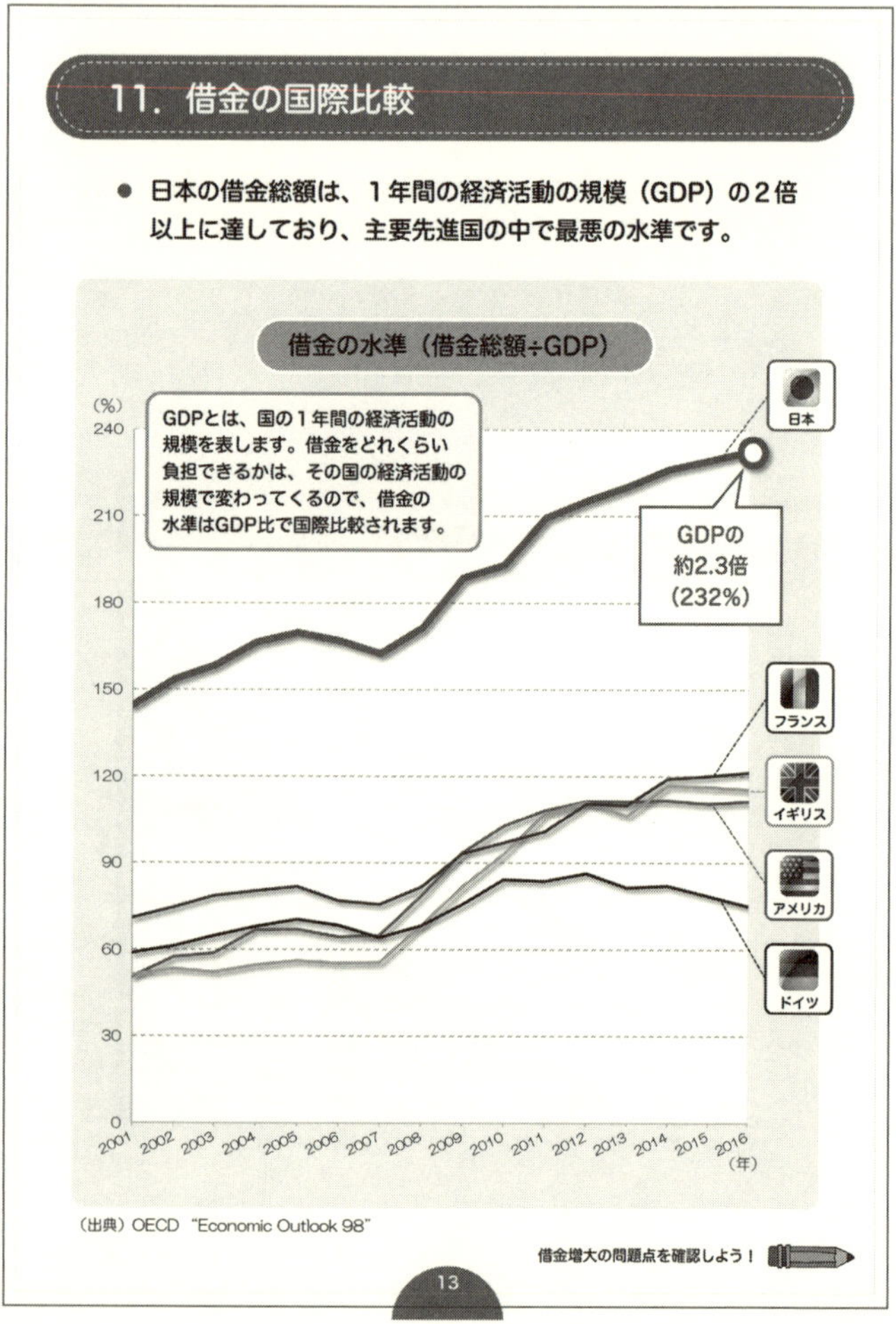
11. 借金の国際比較
● 日本の借金総額は、１年間の経済活動の規模（GDP）の２倍以上に達しており、主要先進国の中で最悪の水準です。
借金の水準（借金総額÷GDP）
GDPとは、国の１年間の経済活動の規模を表します。借金をどれくらい負担できるかは、その国の経済活動の規模で変わってくるので、借金の水準はGDP比で国際比較されます。
GDPの
約2.3倍
(232%)
(%)
240
210
180
150
120
90
60
30
0
2001 2002 2003 2004 2005 2006 2007 2008 2009 2010 2011 2012 2013 2014 2015 2016
(年)
日本
フランス
イギリス
アメリカ
ドイツ
(出典) OECD "Economic Outlook 98"
借金増大の問題点を確認しよう！
13

資料：財務省

（歳出）のほうが圧倒的に多いことを示したものだ。図表11の10は、国の借金額だけを示したもので、図表11の11は、日本の借金の水準が世界で突出していることを示したものである。

これらの図により、財務省は、10代の若者に「日本の財政状態はこれだけ悪化している」という先入観を植えつけることを狙っているのだろう。その次の手は何かと言えば、「財政状態が悪いため、増税が必要」と思い込ませることである。

驚いたことに、「増税不可避論」をすり込むために、財務省はわざわざ「ゲーム」までこしらえて若者を洗脳しようとしている。財務省のウェブサイトに掲載されている『財務大臣になって財政改革を進めよう』というシミュレーションゲームがそれだ。

このゲームの恐ろしい点は、「**増税を実施したうえで、社会保障や地方交付税の大幅削減をしないとクリアできない**」ところにある。

筆者も、試しにこのゲームをやってみた。はじめに、一般会計予算の歳出・歳入のグラフが登場する。次に、「本ゲームでは、財務大臣として財政改革を行い、2020年度までに基礎的財政収支の黒字化を目指していただきます」という一文が出てくる。

基礎的財政収支とは、国家の歳入と歳出のバランスを見るもので、歳入（税収）で歳出

（支出）のすべてを賄《まかな》っている状態を「プライマリーバランスが均衡している」と表現する。

現在の日本は、歳出が歳入を大きく上回っている状態（つまり赤字）で、プライマリーバランスは大きく崩れている。さて、大臣名を入力すると、いよいよゲームスタートだ。

まず、「社会保障費」の項目をクリックして30％減額（7・13兆円の減額）、「地方交付税交付金」の項目をクリックして30％減額（4・58兆円の減額）してみる。それでも基礎的財政収支は赤字で、不安げな表情を浮かべた人間のイラストが出てきて、「目標を達成することが出来ませんでした。行政サービスの停滞など、将来世代にさらなる負担を残すことになりました」というメッセージが表示された。

そこで、大幅な歳出カットに加えて、「税制改革」の項目で30％増額（21・08兆円の増額）を選ぶと、人々が笑顔になって、「目標を達成することができました。子供たちが将来へ希望を持てる社会に向けて第一歩を踏み出すことができました」と表示された。そして、財政改革の結果として、基礎的財政収支が黒字になっていることが示される。

こうしたゲームは目新しいものではなく、実は、10年ほど前から財務省のウェブサイトに存在していた。このゲームは、単純に歳入と歳出の足し算と引き算をしているだけのものだ。しかし、歳出カットや増税をしても経済状況は変わらないという前提には問題がある。

つまり、財務省のゲームは、マクロ経済、すなわち経済の拡大・縮小の動きに連動しておらず、財政の中で、ただ単に足し算と引き算をしているだけのものだ。

しかし言うまでもなく、財政とマクロ経済とは相互に関係しながら動いている。

歳出カットや増税を実施しても経済に影響しないという話は、聞き覚えがある。2014年4月からの消費増税の際に、多くの学者やエコノミストやマスコミが口にしていた話である。ところが、消費増税の結果はどうだったかと言えば、経済が大きく落ち込んだことはすでに述べたとおりだ。

はっきり言って、大幅な歳出カットや大増税を実施して、人々が笑顔になるという発想すら気味が悪いが、これは、10年前にゲームが作られたときから一貫して変わっていない財務省の洗脳そのものである。

なお、こうした内容はインターネットでも話題となった。その後、ゲームには2016年4月30日付で「平成28年4月中にかけて誤った計数が表示されていたため、計数を修正しました」と記載されている。ネットでの「ゲームがクリアできない」という批判を受け、基礎的財政収支は5・7兆円の赤字と大幅に下方修正されたのである。

破綻しているのは財政破綻論のほうだ

もっとも、日本の借金、すなわち政府の債務が約1000兆円あることは事実である。しかしそれは、企業の決算書におけるバランスシート（貸借対照表）で言うところの、右側の負債の部分のみの数字だ。

しかしながら企業の安全性を分析するときは、貸借対照表の左右のバランスをチェックすることが一般的である。右側の負債だけ見ていても、その企業の真の姿は見えてこず、バランスシートの左側に記載される資産も同時にチェックする必要があるのだ。

実は、財務省が主張している約1000兆円の借金は、「粗《あら》債務」と呼ばれるものだ。民間企業で言えば、銀行などから受けている融資や取引先への原材料費の未払い金などの負債のことである。

しかし、企業は預金などの内部留保や土地などの資産を保有しているため、「粗債務」の数字がそのまま債務とはならない。そうした資産を粗債務から差し引いた数字が、その企業の「真の債務」である。この真の債務のことを、「純債務」と言う。

もちろん、国家財政と企業会計をそのまま同列に論じることはできないが、大きな方向性は一緒である。実は、日本政府は莫大な負債だけでなく、膨大な資産も抱えているのだ。**負債から資産を差し引いた「純債務」は、驚くほど少ない**のである。

最初に、財政破綻とは何かを考えてみよう。国家の破綻の定義はいろいろあるが、一般的には「借りていたお金が返せなくなる」ことを意味するケースが多い。これは「デフォルト」と呼ばれ、企業の倒産とほぼ同じ意味合いである。

企業が倒産する原因もいろいろあるが、最も多いケースは、「資金繰りに行き詰まる」こと、すなわち、お金を支払うことができなくなったときだ。

たとえば、ある企業が1億円のプロジェクトを受注し、その報酬を1年後に受け取る契約を結んだとしよう。会計処理上は、1億円がすぐに「売上」として計上されるが、お金が手元に入ってくるのは1年後である。それまでの期間、期限が迫っている銀行からの借入金の返済や、従業員に対する給料および取引先への買掛金の支払いなどが滞る――すなわち資金繰りに行き詰まってしまうと、企業は倒産する。

しかし、である。たとえ現金が不足していても、いつでもキャッシュに換えられる資産を持っていれば、それを売却することによってさまざまな支払いに充てることが可能だ

（もちろん企業の成長性に疑問の余地がなければ、銀行から追加の融資を受けることもできる）。

換金しやすい資産の代表格は有価証券などの金融資産で、会計学で「流動資産」と呼ばれるものである。流動資産が多ければ多いほど、企業は倒産を免れやすくなる。

では、日本政府はどうだろうか。

筆者はかつて大蔵省の理財局に勤める官僚だった。理財局とは、簡単に言えば、政府の資産と負債を管理する部局である。

今から20年ほど前、上層部からの命令で、筆者は国のバランスシートを作成したことがある。何を隠そう、国のバランスシートを初めて作成したのは筆者である。理由は、当時の財政投融資が抱えていた巨額の金利リスクを解消するためだった。財政投融資とは、政府が公共事業などによって財政政策を実施するときの手段の一つで、国債の一種である「財投債」などの発行によって調達した資金を、政府系金融機関や公団などの特殊法人に融資する制度のことだ。特殊法人は、この資金を元に、高速道路や空港などのインフラ建設事業などへ融資していた。なお、２００1年4月に施行された法律により、財政投融資は廃止されている。

当時から、旧大蔵省は「日本の国家財政は危機に瀕《ひん》している」と対外的に説明していたが、バランスシートを作成した筆者には、すぐにその主張がウソであることがわかった。負債と同時に、政府が莫大な資産を所有していることが判明したからだ。**このとき、幹部からバランスシートの内容を口外しないように釘を刺された**ことを覚えている。

あまりに資産が多額であったからであり、それまで「国の借金はこんなにたくさんあります」と資産の存在を公表せずに負債だけで財政危機を煽ってきた説明が破綻してしまうからだ。

しかも資産の大半が特殊法人などへの出資金・貸付金であったため（これは現在も大差ない）、仮に資産の売却や整理を求められると、特殊法人の民営化や整理が避けられなくなってしまう。これは、官僚にとっては「天下り先」を失うことを意味し、自分で自分の首を絞めることにつながる。筆者も当時は現役の大蔵官僚だったため「口外するな」という命令に従わざるを得ず、情報を外部に漏らすことはしなかった。

残念ながら、筆者が作成したバランスシートは、大蔵省だからか「お蔵入り」になってしまったが、1998年度から2002年度までは試案として、そして2003年度以降は正式版として外部にリリースされるようになった。現在も公表されており、最新版は2

016年3月に公表された2014年度版の財務諸表である。さっそく、その中身を見てみよう。数字の羅列が続くが、しばらく我慢してお付き合いいただきたい。まずは資産からである。

日本の借金は実は約100兆円である

2014年度末の時点で、国の資産は、総計680兆円である。そのうち、現預金が約28兆円、有価証券が139兆円、貸付金が138兆円、出資が70兆円、有形固定資産が180兆円、運用寄託金が104兆円などとなっている。**先進国の中で、これほど巨大な資産を持っているのは日本政府くらい**のものだ。日本の政府資産額は、断トツの世界一なのである。

このうち、換金しやすい金融資産は「現預金（28兆円）」+「有価証券（139兆円）」+「貸付金（138兆円）」+「出資（70兆円）」の計375兆円にのぼる。

次に、負債を見てみよう。2014年度末時点で、国の負債は、総計1172兆円に達している。その内訳は、公債が約885兆円、政府短期証券が約99兆円、借入金が約29兆円、運用寄託金の見合い負債である公的年金預り金が約114兆円、それ以外の項目で約

45兆円の負債を抱えている。

このうち、「国の借金」と呼ばれるものは、「公債（885兆円）」＋「政府短期証券（99兆円）」＋「借入金（29兆円）」の計1013兆円である。

では、粗債務から資産を差し引いた純債務がいくらになるかと言えば、「1172兆円－680兆円」で、約492兆円だ。つまり、日本の実質的な借金は、巷間で言われている1000兆円の半分以下ということになる。GDP比で言えば、ほぼ100％だ。

しかしこの数字は、企業で言えば、子会社を含まない単体ベースでの数字だ。筆者がバランスシートを作成した当時から、単体ベースと連結ベースの2つのバランスシートを作っていた。現在も、2014年度版の「連結」財務諸表がきちんと公表されている。それを見ると、純債務は439兆円となっており、単体ベースの約492兆円よりは少なくなっている。

ただし、この連結ベースには大きな欠陥がある。「日本銀行」が含まれていないのだ。政府による日本銀行への出資比率は5割を超えているうえ、政府は日本銀行に対してさまざまな監督権限も持っているため、日本銀行は紛《まご》う方なき政府の子会社である。

経済学では、政府と日本銀行は「広い意味の政府」と認識されており、一体のものとし

て分析することが常識だ。これを「統合政府」と呼ぶが、会計的な観点から言っても、日本銀行を連結対象から外す理由はまったくない。なぜ日本銀行を連結対象から外しているかは不明だが、連結対象として含めた場合のバランスシートを作成することはできる。

２０１５年度末の日本銀行のバランスシートを見ると、資産は総計４０５兆円で、そのうち国債が約３４９兆円である。負債は約４０２兆円で、そのうち発行銀行券が96兆円、当座預金が約２７５兆円である。

この数字をもとに、日本銀行も含めた連結ベースで国家財政を考えると、日本政府の純債務は約１００兆円ということになる（２０１５年3月末時点）。

つまり、日本政府の純債務は、多くても１００兆円程度なのである。GDP比で言えば、20％程度ということになる。つまり、財務省やマスコミが喧伝《けんでん》するほど日本の財政状態は悪くないのである。

ちなみに、中央銀行と連結した場合のアメリカとイギリスの純債務をGDP比で見てみよう。アメリカは65％、イギリスは60％程度である。しかし、アメリカもイギリスも破綻していない。これを見ると、「日本の財政は火の車で、今にも破綻する」という主張の滑稽さがわかるだろう。

いささかオーバーな表現だが、破綻しているのは財政破綻論のほうなのである。

財務省が言うように、仮に日本の国家財政が「火の車」「危機的」状態なのであれば、資産を処分して負債を圧縮すればいいだけの話だ。

貸付金と出資金は、いわゆる特殊法人等を民営化すれば簡単に処分できる。国の資産処分は、財政危機に陥った国ならどこでも実施していることだ。それを実施していないということは、日本は財政危機に陥っていないということの証拠である。

国債暴落説の大ウソ

前項で説明したように、日本が財政破綻する可能性は極めて低い。

筆者はこれまでさまざまな場面で「日本の財政は危機的状態ではない」と主張してきたが、いまだに財政危機を訴える識者は多い。それに類する話として、日本の財政破綻で国債の大暴落が起こるという「国債暴落説」がある。

国債暴落説とは、第二次安倍政権が実施した金融政策に対する批判の一つでもあり、量的緩和政策の実施が国債暴落をもたらし、それが国債を大量に抱える銀行の損失につながって日本経済の危機を招くという主張である。

国債暴落とはどういうことかと言うと、一般的には、「長期金利」と呼ばれる長期国債の利回りが急上昇することを指す。国債は市場で取引されているため価格と金利が毎日のように変動し、簡単に言えば、買いたい人が多いと金利が下がって価格が上昇する一方で、売りたい人が多いと価格が下がって金利が上昇する。

要は、国債暴落とは国債の売りが殺到することだ（＝買い手がつかない状態）。

実は、国債暴落説はアベノミクスが量的緩和政策を実施するはるか以前から語られてきたが、幸いなことにまだ実現していない。むしろ、国債が暴落する可能性はどんどん低くなっているのが実情だ。

何しろ**日本の長期金利は、2016年2月9日に史上初のマイナス台に突入したほどの超低金利**なのだ。にもかかわらず、国債暴落説はいまだに巷間でくすぶり続けている。

国債暴落説の根拠とされているものはいろいろあるが、その一つは、日本の財政破綻だ。日本政府がいずれ国債の金利負担に耐えられなくなるとの見通しから、損を回避したい人々の間で国債の売却が加速し、いっきに債券価格が下落して金利が暴騰するというロジックである。しかし、前述のように日本は財政破綻状態ではないため、この話はそもそもの前提が間違っていることになる。

金融や財政に馴染みが薄い一般の人が、財政破綻論や国債暴落説を語ったり信じたりすることは仕方がない面もあるが、専門家である学者の中にも財政破綻論や国債暴落説を語る人がいることには驚くばかりだ。

たとえば、東京大学金融教育センター内に、かつてものすごい名称の研究会が存在した。その名も、「『財政破綻後の日本経済の姿』に関する研究会」だ。代表を務めるのは、井堀利宏氏（東京大学大学院経済学研究科教授）、貝塚啓明氏（東京大学名誉教授）、三輪芳朗氏（大阪学院大学教授・東京大学名誉教授）という日本の経済学界の重鎮たちだ。

同研究会の活動内容はホームページに公開されている。２０１２年６月22日に第１回会合が開かれ、２０１４年10月３日までの２年余りの間に、計22回が開催されている。『発足とＷｅｂＰａｇｅ開設のお知らせ』に掲載されている文章を見ると、「われわれは日本の財政破綻は『想定外の事態』ではないと考える。参加メンバーには、破綻は遠い将来のことではないと考える者も少なくない」と書かれている。

第１回会合では、三輪氏が「もはや『このままでは日本の財政は破綻する』などと言っている悠長な状況ではない？」という論点整理メモを出し、勇ましい議論を展開している。要するに、財政破綻は確実に起こるので、破綻後のことを考えようというわけだ。

はじめのうちは、財務省、日本銀行らの実務家を呼んで話し合いを行っていたようだ。その後、第二次安倍政権が誕生すると、彼らの関心はアベノミクスへと移る。

2013年4月12日の第11回会合では、「インフレ激化、財政破綻が顕在化」などと、アベノミクスの量的緩和政策に懐疑的な様子を示している。

ところが、財政が破綻する兆候は一向に現れなかった。

2014年8月27日の第21回会合では、「8月末時点の長期債の最終利回りは0・5％を下回っている。ある意味、不可解な現象である。われわれは過去2年間、『現状の日本でなぜ国債価格の大幅下落、急激なインフレを伴う『財政破綻』は現実化しない、その予兆も見えないのはなぜか…?』という問題意識を抱き、研究会を続けてきた」と、もどかしさを隠し切れない様子がうかがえる。

実際、国債は暴落するどころか、高値（低金利）を維持したままであった。

トンデモ経済学者にも存在意義はある

研究会のメンバーたちの本音は、「自分たちの考えは正しい。現実の世間が間違っているのだ」といったところだろう。筆者は、このような研究会が存在すること自体は不思議ではないと思っている。学者というのはどこか浮き世離れしているもので、ある意味、そここそ存在意義があるとも言えるからだ。

ただ、この研究会の根本的な問題は、日本の財政状況をきちんと数量的に把握していないことだ。財政破綻は、債務残高の対GDP比率が高すぎて発散（無限に膨張）することだという経済学の常識はつかんでいる様子だが、この場合の債務残高について、粗債務なのか純債務なのかさえ明確ではなく、漠然と粗債務だと思い込んでいる節が見受けられる。

参加している経済学者は、会計的な知識に乏しく、国のバランスシートが頭に入っていないようだ。

すでに述べたように、**日本の純債務は約490兆円でGDP比は約100%だ。日本銀行も含めた連結ベースでは約100兆円でGDP比は20%程度**である。

日本のこの数字は、先進各国と比較しても、それほど悪い数字ではない。こうした基礎データが研究会に参加している経済学者の頭に入っていないため、いくら高度な議論を展開しているようでも、文字どおりの「机上の空論」と化してしまっているのである。

財務省が消費税率を上げたがるのは「でかい顔」をしたいから

1989年の導入時を含めると、過去、日本では3回の消費税率アップが実施された。それぞれ1989年の0%↓3%、1997年の3%↓5%、2014年の5%↓8%である。そのうち、経済成長を阻害しなかったケースは1989年の1回のみで、その後の2回はいずれも失敗している。

野球で言えば3打数1安打、打率は3割3分3厘ということになる。

プロ野球の世界では「3割打てば一流打者」と言われるが、もちろん、その考え方をそのまま政策に当てはめることはできない。政策では10割の結果を残すことが求められるため、その意味では二流打者、いや三流打者と言ったところだろう。

1989年のケース（バブル期だった）は、政策を実行する側の立場から見ると、「15対0」などの大差でリードしている試合でタイムリーヒットを打って追加点を上げたようなもので、勝敗の帰趨《きすう》に大きな影響を及ぼさなかった。一方、1997年と2014年のケースは、僅差の試合において、タイムリーヒットが要求されていながら、ダブルプレーに打ち取られたようなものである。

要は、期待を裏切ったわけだ。前述したように、消費増税は景気がよいときに実施されるべきもので、景気が悪いときの増税は逆効果になる。

そんなことは財務官僚ももちろん（心の中では）承知しているのだろうが、表立って口に出すことはしない。わかっているのに、なぜ財務省が消費税率を上げたがるかと言うと、予算における「歳出権」を拡大させたいからである。

もう少しわかりやすく説明すると、**財務官僚が予算総額を膨らませて、カネを自由に差配できるようにするため**だ。もっとくだけた言い方で説明すると、要は、**大盤振る舞いをすることで各方面に恩を売り、その見返りとして天下り先を確保したい**からである。つまり、任官中には「でかい顔」をして、退官後には自分の身の安泰を図りたいのだ。

政治家の多くは消費増税に賛成の立場を取っているが、それは増税による予算のおこぼれにあずかれるからである。また、経済界にも増税に賛成する経営者や団体が多いが、それは**財務省が「法人税減税」をバーターとして差し出す**からだ。学者、エコノミストにも消費増税賛成論者が多いが、彼らにとっては、財務省の意向に逆らわないほうが、**親元の金融機関が外為資金の運用を財務省から受注できるなど商売上有利になるから**である。

さらに、新聞も消費増税を推奨しているが、それは財務省からネタをリークしてもらいたいという理由の他に、軽減税率を新聞に適用してもらいたいという意向が働いているためだ。つまり誰もが財務省のおこぼれにあずかることを狙っており、そのベースになっているものこそ、財務省の持つ裁量権なのである。

予算上、増税は税収を増やす（歳入を増やす）という「計算（見積もり）」になる。そのため増税は、結果として「歳出権」を増やすことにつながる。実際の税収が予算を下回ったとしても、そのぶんは国債を発行して賄えばいい。つまり、税収が減っても国債発行額が増えるだけで、財務省の歳出権は低下しないのだ。この歳出権が強ければ強いほど財務省は各省にお金を配分できるため、権益がそれだけ大きくなる。

財務省は、対外的に「増税は財政再建のため」と説明してきたが、何のことはない。それは増税至上主義をカムフラージュするための屁理屈にすぎず、本音は「歳出権を拡大したい」だけなのだ。

かつて財務官僚だった筆者も、財務省のこの屁理屈を身を以て経験したことがある。

以前、予算関係の仕事に携わっていたときに、当時の幹部から「髙橋君は数字に強くてとても優秀だが、一つだけわかっていないことがある。予算は本気で削るな。相手が頭を下げにくる程度に削ればいいんだ。そこで予算をつければ感謝されるから」と言われたことがある。「財政再建はしなくてよいのですか?」と聞き返すと、「**それは重要な〝建前〟だ**」とかわされ、ビックリしたことを覚えている。

経済成長すれば、自ずと財政再建も達成される

筆者は従来、財政再建は増税によって行うのではなく、経済成長によって達成できると主張してきた。経済成長と財政再建を両立することは簡単であり、成長すれば、よほどの無駄遣いをしないかぎり財政再建は後からついてくるものなのだ。

財政再建、すなわち財政健全化の方法は、財務省が主張する「増税」に限らない。大きく分けて「①経済成長による歳入増」「②歳出のカット」「③増税」の3つの手段が考えられる。他には、前述した「政府資産の売却」や、後述する「歳入庁の創設」なども重要な手段になる。

マクロ経済のロジックでは、増税(=税率の引き上げ)は、税収(=税率×課税対象)を減少させるおそれがあるため、財政再建は、増税ではなく経済成長で達成すべきだという考え方が一般的だ。逆に、増税すると経済成長が鈍化し、財政再建が遠回りになってしまう。「増税」と「経済成長」の違いは、予算上の歳入を増やすか、決算上の歳入を増や

すかの違いである。わかりやすく言えば、増税と増収のどちらを目指すかという話である。「増税ありき」の財務省はこの簡単なロジックを認めず、増税至上主義の旗を下ろそうとしない。

まず、財務官僚は「歳出に無駄がある」とは絶対に認めないため、②の「歳出のカット」はできないというのがその基本的立場だ。となると、①の「経済成長」か、③の「増税」という選択になるが、次のような理由により、③の「増税」を主張する。

①の「経済成長」で増収になることは重々承知しているが、官庁からの歳出（予算拡大）圧力も強くなり、それに抵抗することが難しくなる。抵抗するためには、②の「歳出のカット」をせざるを得ないが、力不足でそれはできない。その点、③の「増税」は、政治家に責任を取らせることができるため、官僚としては都合がよい。しかも、予算の裁量枠が広がり、財務官僚の権益は拡大するため、彼らにとって実に願ったり叶ったりなのだ。

筆者が「経済成長すれば、財政再建は可能」と断言できるのは、実績があるからである。かつて筆者は、小泉純一郎政権と第一次安倍晋三政権で経済運営のブレーンを務めていたことがある。当時の小泉首相は、自分の任期中は「消費増税はしない」と言い切っていた。

その一方で、「財政再建を実現しろ」ともスタッフに指示していた。「増税しなければ、財政再建はできない」と思い込んでいる財務省からの出向スタッフは、それを聞いて憤慨していたが、筆者は当時から、増税しないほうがむしろ財政再建が容易になると思っていた。

なぜなら、増税を言い出すと、前述したように予算上の歳入（家庭なら収入）が拡大するため予算要求が膨らみ、それをカットできなくなって、結局、再建が遠のいてしまうからだ。反対に、最初から「増税しない」と言っておけば予算要求を抑えられるため、歳出総額が抑えられる。また、小泉政権下では小規模ながら量的緩和政策を実施していたため、円安が進んで経済が成長し、それに伴い税収も増えた。

その結果、小泉政権および第一次安倍政権下では、**増税せずにプライマリーバランス（基礎的財政収支）の赤字を28兆円から6兆円にまで縮小させ、財政再建をほぼ成し遂げた。**あのリーマンショックがなければ、２００８年にも財政赤字を解消して財政再建が達成できていたはずだ。

これは、歳出権の拡大を目論む財務省にとっては「不都合な真実」であり、財務省はこの話をマスコミにレクチャーしないため、表立って報道されることはほとんどない。

財務省にいると、さまざまな記者が取材にやってくる。財務官僚時代、筆者も記者の対応をした経験があるが、ほぼすべての記者が「増税は財政再建のため」と思い込んでいる。というより、そう信じていた。それは昔も今も変わらない。

理由は推測するしかないが、おそらく、財務省の「建前」に疑問を感じたり批判を述べたりする記者は、財務省の記者クラブである「財研（財政研究会）」から追い出されてしまうからだろう。

毎年、年末になると、マスコミは来年度予算の概要を一斉に報道するが、記者たちに予算に関する知識はほとんどない。そのため、財務省が記者に対して予算内容をレクチャーする。しかし、記者たちにその予算書を読み込むスキルはない。

何しろ、中央省庁が作成する予算書は、２０００ページを超える超大作なのだ。そこで、あらかじめ記事にできそうな部分を役所で抜粋して資料化し、解禁日時付きで原稿資料として記者に渡す。それに基づいて記者は記事を書いているだけなのだ。

災害報道は一社に任せるべきだ

話題が少し逸れるが、マスコミを批判したところで、常々、問題視されることが多いその報道姿勢について触れておこう。

2016年4月14日に熊本地震が発生したが、今災害時の報道のあり方に非難が集まっている。災害時のマスコミ報道に対しては、従来多くの批判があった。たとえば、1984年9月14日、長野県西部でマグニチュード6・8、最大震度4の地震が発生した際、29名の死者を出した長野県王滝村へのマスコミの過剰取材が問題になった。

このとき、人口わずか1300人の王滝村に、500人もの報道陣が押し寄せたのだ。その結果、村役場にマスコミの取材が集中し、震災対応に支障が生じたという。

1993年7月12日、北海道南西沖でマグニチュード7・8、最大震度5の地震が発生し、奥尻町が壊滅的な打撃を被ったときも、家族を失って呆然としている遺族に無遠慮な取材をしたことで、マスコミは大きな批判を受けている。

1995年1月17日には、阪神・淡路大震災（マグニチュード7・3、最大震度7）が発生した。被災地に大挙して押し寄せたマスコミは、「被災者の気持ちをまったく考えていない」と、厳しい評価を受けた。特に、ヘリコプターを使用した上空からの取材は、その騒音で倒壊家屋の下敷きになった人たちの救出活動を妨げたと激しく批判された。

2011年3月11日の東日本大震災（マグニチュード9・0、最大震度7）でも、各局ともに同じ津波映像を繰り返し放映し続けたことで、「もっと被災者に役立つ情報を流せ」という批判が巻き起こった。

現代は、誰もがSNSなどで意見や情報を発信できる時代だ。しかも、画像や動画の添付も可能である。被災地におけるマスコミの問題行動は、それを目にした一般の人々によって即座にSNSにアップされ、日本中、いや世界中に拡散する。

マスコミの無遠慮な行動がSNS内では大きな話題になっているにもかかわらず、それがマスコミ自身の手によって報道されることはまずない。

もっとも、テレビの災害報道は基本的に生放送である。先日、とんでもない場面を目にしてしまった。熊本地震の発生から1週間が経過した4月21日の「Nスタ」(TBS系)という番組だ。17時24分ごろのことだった。場所は、避難所となっている熊本県益城町の広安小学校の正門付近だ。

放送では、被災地入りするボランティアが心がけることとして、さまざまな準備などが紹介され、「被災者からもボランティアの受け入れは歓迎されている」とレポーターが述べていた。レポーターと、ボランティア活動をしていた「ピースボート」の辛嶋友香里さんがスタジオとやり取りをしていたとき、レポーターの背後にいた男性が、「撮るな」「見せ物じゃない」と叫んだのを機に、中継が中断されたのだ。

SNSを見ていると、こうしたマスコミと被災者間のトラブルがよく取り上げられている。ガソリンスタンドで給油待ちの列に割り込んで給油した関西テレビの中継車、夜にもかかわらず煌々とした照明で被災者を照らして睡眠を妨げたテレビ局、マスコミ各社が飛ばしたヘリコプターの騒音で町内放送が聞こえないという苦情、炊き出し現場や被災物資運搬の障害になっているマスコミなど、多くの画像付きの実例をSNSで探し出すことができる。

食料が手に入りにくいことを承知のうえで、現地で弁当を調達して、批判を浴びた毎日放送の記者もいた。

筆者は、こうしたマスコミの災害報道をめぐって、現役の某テレビ局幹部と議論したことがある。そのときに筆者が抱いた率直な感想は、災害報道は、事前の仕込みがものを言う調査報道とは異なり、いわゆる「特ダネ」はほぼ期待できないため、マスコミはひたすら情報伝達に徹すればいいというものだった。

マスコミ各社がいっせいに被災地へ取材に繰り出すのではなく、共同態勢、または取材は一社に任せて、他社はその情報を利用すべきというのが筆者の考えである。

マスコミは、自社だけが使用できる映像や記事を求めたがるが、筆者から見れば、土地勘や当事者感覚も持たずに「現場」へ出かけても、被災者が画像、動画付きでＳＮＳに投稿しているものと同じレベルの情報を流すことくらいしかできていない。

にもかかわらず、マスコミ人は報道マンとしてのプロ意識やプライドを主張するばかりだ。筆者には理解できない。

マスコミ、特にテレビが伝える情報は深みがないために、どうしても「速さ」に意識が向いてしまう。報道内容で差別化を図ることが難しいから、「1秒でも早く他社に先んじて被災地に乗り込みたい」という考えになってしまう。関西テレビの給油割り込み騒動は、それが色濃く表れた出来事だろう。

日本には、「災害対策基本法」という法律がある。これは、災害時の医療、電気、ガス、鉄道、道路、空港、金融、報道、通信、郵便の分野について、指定公共機関を定めたものだ。指定公共機関は、災害発生時にそれぞれの職域における責任を果たす義務を負っている。報道各社の中で、指定公共機関に定められているのはＮＨＫの1社だけだ。

一方、「放送法」という法律では、「基幹放送事業者は、国内基幹放送等を行うに当たり、暴風、豪雨、洪水、地震、大規模な火事その他による災害が発生し、又は発生するおそれがある場合には、その発生を予防し、又はその被害を軽減するために役立つ放送をするようにしなければならない」（108条）と定めている。

つまり、**マスコミの取材行為が被災者の感情を害するのであれば、放送法の趣旨に反することになる**。結論を言ってしまえば、災害情報はNHKのものを他局も利用すればそれで事足りるのである。マスコミは、もっと選択と集中を徹底すべきだろう。

報道の自由度と特定秘密保護法は関係ない

その観点から考えると、最近の「日本の報道の自由度ランキングが低下している」という指摘は興味深い。報道の自由度ランキングとは、各国のメディアに与えられる報道の自由度を表したものだ。報道の自由に対する侵害について、法的支配やインターネット検閲、ジャーナリストへの暴力など複数の項目で調査されており、侵害度が大きいほど順位は低くなる。このランキングにおいて、2010年に日本は世界11位だったが、2015年には61位にまで低下している。

一部のマスコミは、自由度が低下した原因を「第二次安倍政権が成立させた『特定秘密保護法』の影響」と伝えているが、本当にそうだろうか。この種の法律は、先進国ならどこでも制定されている。

図表12　各国の報道の自由度ランキングの推移（G7）

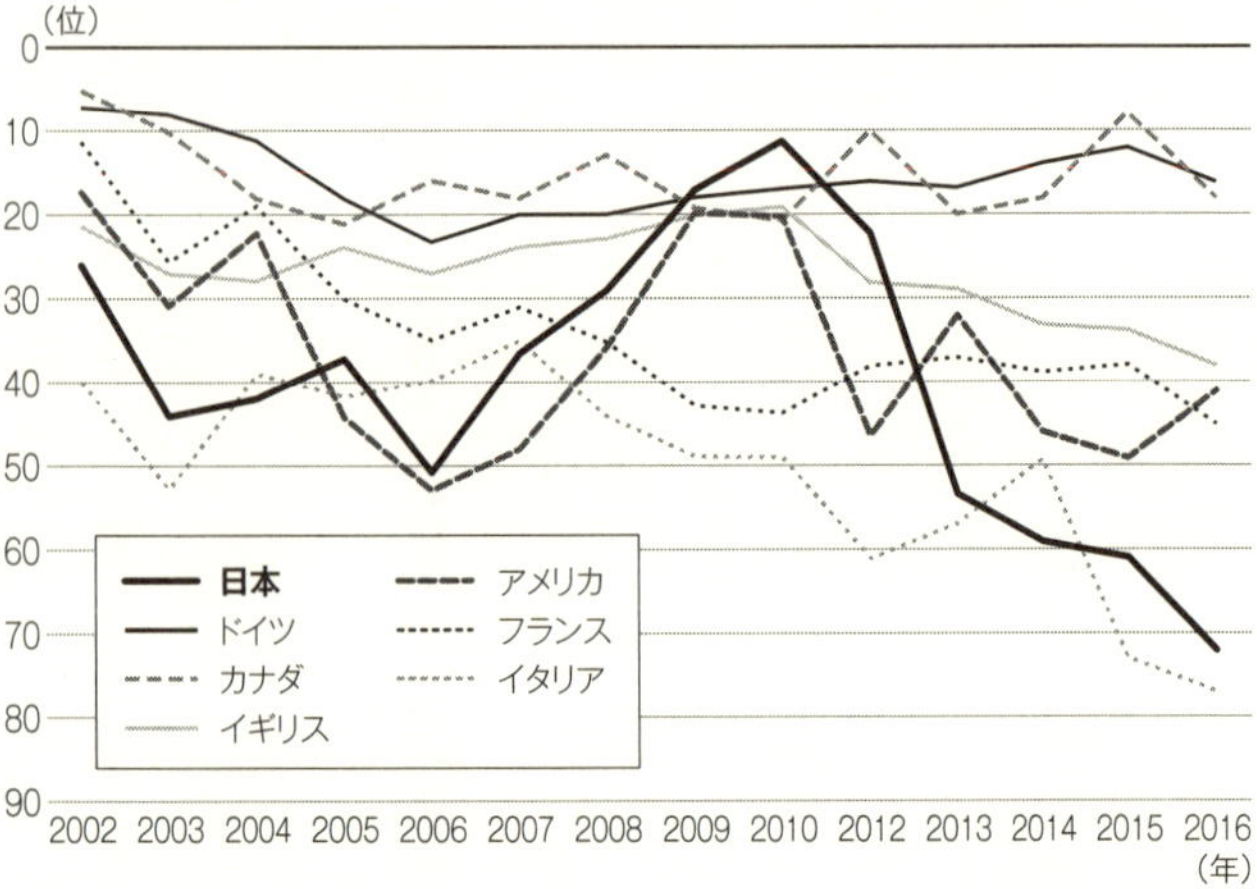

※2011年はデータなし　　　資料：World Press Freedom Index

たとえば、アメリカの防諜法《ぼうちょうほう》、イギリスの公務秘密法、ドイツのスパイ防止法をベースにした刑法や保安審査法、フランスの刑法、韓国の刑法、国家保安法、軍事機密保護法などがそうである。いずれも、国の安全保障と国民の知る権利という2つの法益の調整を図る必要があり、それぞれの国の事情によって利益調整が行われている。

筆者には、「特定秘密保護法」が低下の理由とはとても思えない。日本の報道の自由度ランキングの推移を見ると（**図表12**参照）、民主党政権時にランキングが上昇しただけで、それを除くと、G7ではせいぜいイタリアと同程度の水準である。

筆者が思うに、**日本のランキングが低い**

のは、記者クラブ制度が存在するからである。記者クラブとは、マスコミやジャーナリストが政府機関や役所を取材するために設けた自主組織だ。記者クラブは会員制だが、会員以外の報道機関（たとえばフリージャーナリストなど）の入会は事実上、拒否・制限されている排他的な組織であることが知られている。

この記者クラブが存在するがために、世界から見れば、日本のマスコミは自由度が低いと思われている。会員制の記者クラブという既得権にしがみついているマスコミにとっては「当然の仕組み」だったとしても、世界からは開放度・自由度が低い制度だとみなされているのだ。

特に、先進国で記者クラブ制を採用しているのは日本くらいのもので、この制度が日本のランキングを押し下げていると考えるのが妥当だ。

民主党時代にランキングが高かったのは、「記者クラブを開放する」という方向を打ち出したからにすぎない。逆に言えば、記者クラブを廃止さえすれば、日本の報道自由度のランキングは先進国でトップクラスになるとも言える。

2015年8月、いわゆる『パナマ文書』が流出して世界に衝撃を与えたことは記憶に新しい。パナマ文書とは、いわゆる「タックス・ヘイブン（租税回避地）」を利用して、大企業や個人が「節税」や「脱税」、あるいは「マネーロンダリング（資金洗浄）」を行っていたことを裏付ける文書で、パナマの法律事務所から流出したので『パナマ文書』と呼ばれている。文書には、イギリスのキャメロン首相や中国の習近平国家主席、ロシアのプーチン大統領らの関係者の名前が並んでいたことから、世界に激震が走った。

この文書の内容に関して、日本の大手マスコミは「腰が引けている」、すなわち日本の企業や個人について詳細な報道を行っていないと指摘され、そのことと、報道の自由度のランキングが低迷していることとを関連付ける論調が見られるが、本当にそうだろうか。

パナマ文書は、国際調査報道ジャーナリスト連合に所属する約400名のジャーナリストたちが分析に当たっており、文書の中身について、逐一報道してきた。2016年5月10日には、企業名・個人名リストを一部追加した21万4000社の法人情報が公開された。

そもそもの文書量が1100万点超と膨大なため、短期間ではとても中身を精査することはできないが（数年を要すると言われている）、筆者の直感は、パナマ文書に載っている日本企業や日本人の関係者は少ないのではないかというものだった。

国際調査報道ジャーナリスト連合は、パナマ文書は各国の政府機関には見せないと話している。そのため、まさに政府の圧力を受けることなく、各国のジャーナリストが調査報道を競うことになる。

ただ、もともと日本は節税措置の自由度が高い国であり、わざわざタックス・ヘイブンを利用する理由に乏しい。日本の上場企業のほとんどはタックス・ヘイブンに子会社を持っているが、それは国際取引に必要な合法的範囲である。

そう考えたときに、パナマ文書には不適切な日本の事例が載っていることはあまり考えられなかった。報道の自由度とは関係がなく、そもそも実例が少ないか、(実際は日本の事例もあるのに)調査報道の手法が拙いかという、どちらかの理由によるものだろう。

実際に、2016年5月10日に公表された約21万4000社の法人名のうち、日本に関係していると見られる法人・個人は、たった400件にすぎなかった。

パナマ文書をめぐる報道で日本の大手マスコミの腰が引けているのは、報道の自由度とはあまり関係がない話である。

歳入庁を創設すれば、増税の必要はなくなる

話を戻そう。「財政再建」は財務省の増税至上主義の方便だが、財政再建の必要性の論

拠としてよく挙げられるものに、「社会保障費の増大」がある。日本では高齢者が増加しており、現在の年金、医療、介護のサービス水準を維持するためには、税金投入を毎年1兆円ずつ増加させる必要があり、この財源を確保できなければ、社会保障制度の維持が困難になる。だから、消費増税をして制度の維持を図ろうという主張である。

実際に、民主党政権時代の2012年に「社会保障と税の一体改革関連法」が成立している。この法律の意味するところは、消費税を「社会保障目的税化する」ということだった。

最初にはっきりさせておくと、消費税を「社会保障目的税」にしている先進国は、世界のどこを見渡しても存在しない。唯一、日本だけである。先進国のほとんどでは、社会保障制度は「保険方式」で運営されている。保険方式とは、社会保障に必要な財源を保険料で調達するもので、支払う側にとっては、支払金額と保障金額がわかることがメリットだ。

これを税方式に移行すると、保障される金額はわかるものの、支払った金額がわからなくなる。たとえば、昨年、自分が消費税をいったいいくら払ったかなど、読者の皆さんも把握していないに違いない。

このように、消費税を社会保障目的税化すると支払い感覚が薄くなるため、人々が社会保障に求めるものが大きくなってしまうというデメリットがある。もちろん、低所得者の中には保険料を納付できない人もいるだろうから、その場合は税金を投入すればいい。

周知のように、日本では税金と社会保険料は別々の機関（国税庁と日本年金機構）が徴収している。海外では、社会保険料と税金を「歳入庁」という一つの機関がまとめて徴収することが一般的だ。

社会保険料の法的性格は「税」と同じであり、**両者は同一の機関で徴収すれば行政のスリム化にもつながるうえ、徴収効率が増す**という考え方に基づいている。

たとえば、アメリカ、カナダ、アイルランド、イギリス、オランダ、スウェーデン、デンマーク、フィンランド、アイスランド、ノルウェーは、歳入庁で税と社会保険料の徴収の一元化を行っている。東ヨーロッパの国々も傾向は同じで、歳入庁による徴収一元化は世界の潮流なのである。

筆者は、日本でも歳入庁を創設して、徴収を一元化すべきだと考えている。

歳入庁の創設には、メリットが多い。行政のスリム化もその一つだが、何よりも「徴収漏れ」を防げることが最大のメリットだ。

社会保険料の未収金は10兆円に及ぶ

国民年金の未納率が高いことが問題になっているが、同じことが「厚生年金」にも言える。法人事業者は厚生年金に加入することが原則として義務付けられているが、現実には、国に保険料を納めていない事業者が山ほど存在する。

たとえば、税金の徴収機関である国税庁が把握している法人数は約280万社である一方、保険料の徴収機関である日本年金機構が把握している法人数は約200万社にすぎない。これは、どう考えてもおかしい。法人税を納付するのは黒字企業に限られるが、保険料は黒字、赤字に関係なく、すべての企業が納めなければならないため、本来ならば、日本年金機構が把握する法人数のほうが多くなるはずだ。

これが何を意味しているかと言うと、**日本年金機構は約80万社の法人から社会保険料を取りこぼしている**ということになる。その取りこぼしている未収金の総額は、約10兆円に及ぶと推計されている。10兆円と言えば、消費税なら4～5％分の金額だ。

つまり、国税庁と日本年金機構を統合して歳入庁を創設し、徴収を一元化するだけで10兆円の増収となるため、そもそも消費税率をアップする必要がなくなるのである。

ここで、読者の皆さんは「だったら歳入庁を作ればいいじゃないか」と思うかもしれないが、ことはそう簡単ではない。財務省が歳入庁の創設を頑ななまでに拒んでいるからだ。そう聞くと、「財務省が反対していようが何をしようが、政治権力で創設を強行すればいいじゃないか」と思うかもしれない。実際、民主党政権時代の野田内閣では、歳入庁の創設が検討されていた。

結果はどうだったかと言うと、財務省の圧力に屈して、創設は頓挫した。

財務省の税務調査権は実に恐ろしい

なぜ、そうなってしまうのか。理由は、財務省の権力があまりにも強大だからだ。その権力とは、「税務調査権」である。国税庁は財務省の外局（子会社みたいなものだ）であり、巨大な税務調査権を持っている。この税務調査権が、財務省の「裏権力」の源なのだ。

国税庁の幹部は財務省のキャリア官僚で占められ（かつて財務官僚だった筆者も税務署長を務めたことがある）、政治家でも民間人でも、財務省の政策に反対する人は「税務調査」という名の伝家の宝刀で恫喝《どうかつ》されるのである。要は、政界や財界、学界などに対し、強力な査察権を振りかざすことで、官僚への抵抗を封じるのだ。

誰だって、税務調査は嫌なものだ。短時間で終わるならまだしも、少なくとも数日間は要するのが普通である。その間、業務がストップしてしまうこともある。政治家の場合は、自らの政治生命や出処進退に関わるケースも想定されるため、情けないことに、財務省に対して強い態度に出られないという事情がある。つまりは、**歳入庁の創設に反対する勢力の既得権を打ち崩せないことが、増税という形で、弱い立場の国民にしわ寄せとなってくる**わけだ。

仮に国税庁を財務省から切り離し、日本年金機構と統合して歳入庁を作ると、財務省は国税庁の人事を思うままにコントロールできなくなり、権力の大幅縮小を余儀なくされる。そのため、財務省は歳入庁の創設を絶対に阻止したいのである。

かつて筆者が大蔵省に勤めていたとき、1998年ごろのイギリスで、従来の社会保険料徴収機関と国税徴収機関が統合されて、歳入庁が創設された。

その手法があまりにも見事だったため、経緯を当時の上司にレポートしたところ、その事実を口外しないよう注意されて驚いたことを覚えている。

歳入庁の創設には、他にもメリットがある。2007年に表面化した「消えた年金問題」を覚えているだろうか。あの問題では、旧社会保険庁のずさんなデータ管理体制が発覚したが、実は支払う側の企業にも責任の一端があった。事業主は、従業員の給料から保険料を天引きして国に納めているが、給料から保険料を天引きしておきながら、実際には納付していなかったために「年金記録が存在しない」というケースも少なくなかったのだ。

天引きされている従業員にとっては、気の毒な話である。本人はきちんと払っているつもりだったのに、納付額が少なかったり加入期間が短かったりして、本来なら受け取れるはずの年金額が少なくなったり、あるいは受け取れなくなってしまったのだ。

実際に税務署は法人税や所得税の調査のときに、企業が年金を払っているかどうかはだいたいわかっているのだが、所管外のため何も言わないでいる。そのような状況を見過ごさないためにも、国税庁と日本年金機構を合併して歳入庁を設立すべきなのだ。

歳入庁を創設して税と社会保険料の徴収を一元化すれば、こうした問題もなくなる。

創設により10兆円の増収となれば、消費税の税率をアップする必要もなくなるうえ、一人ひとりの個人にとっても、老後の安心につながる。

歳入庁を創設せずに消費増税をすることは、財務官僚の歳出権を強化するだけで、経済成長にも財政再建にもつながらないのだ。

アベノミクスに終わりはない

アベノミクスにより求人倍率はこんなに伸びた！

２０１４年４月の消費増税の悪影響により、ＧＤＰの伸びは今一つだが、雇用状況は第二次安倍政権になってから飛躍的に改善した。

図表13を見てもらえれば明らかである。

47都道府県中で有効求人倍率が１を上回っているのは、民主党政権最後の２０１２年12月にはたったの８都県に過ぎなかったが、直近の２０１６年３月はなんと44都道府県に及んでいる。

有効求人倍率が１に満たなかったのは、埼玉の０・８８倍、鹿児島の０・９３倍、沖縄の０・９２倍のわずか３県のみである。この３県も１倍まであと一歩であり、補正予算を九州地方に集中的に投入すれば、全都道府県で有効求人倍率が１を上回るという快挙も目前である。

図表13 有効求人倍率1以上の都道府県

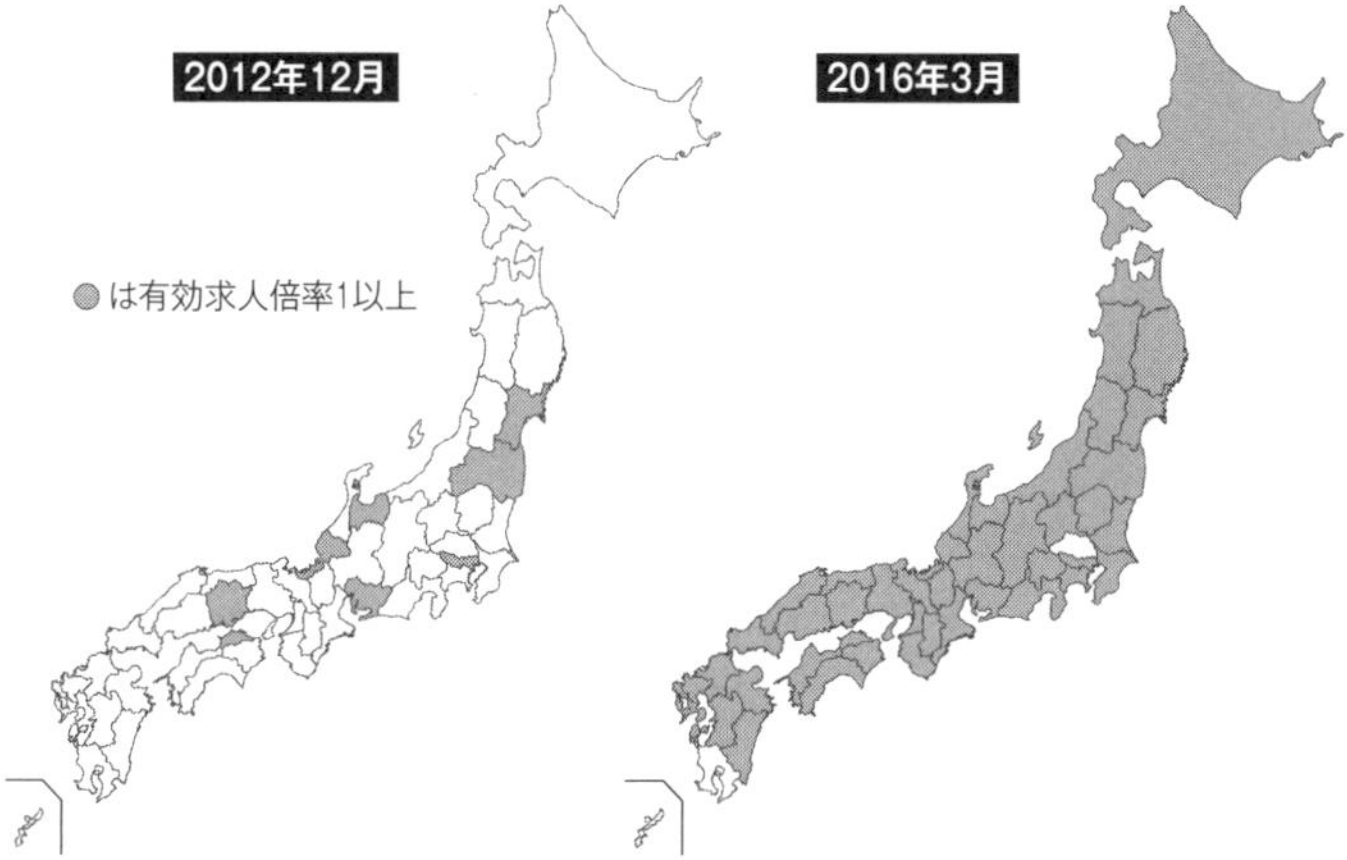

資料：厚生労働省「職業安定業務統計」

図表14 就業者数の推移

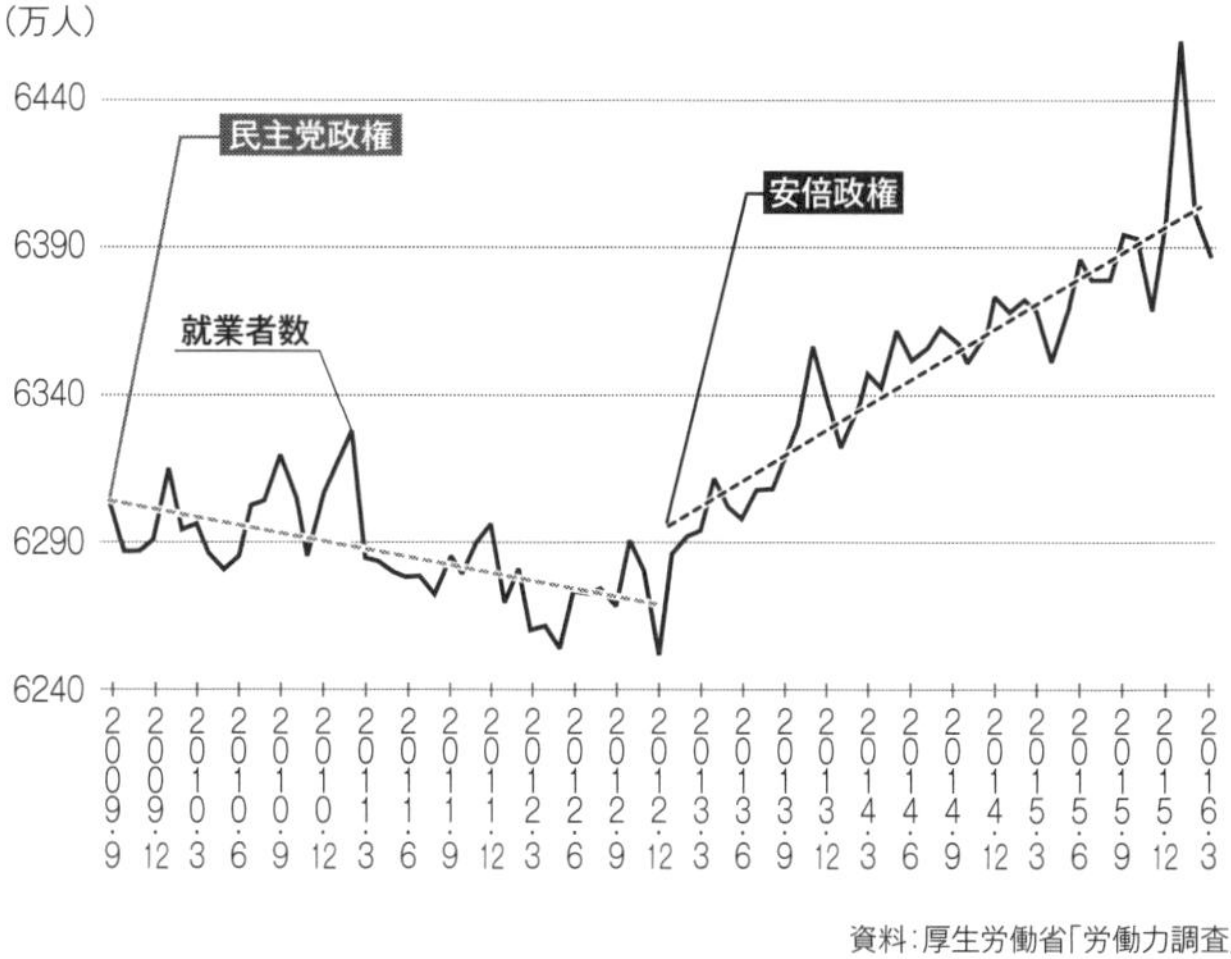

資料：厚生労働省「労働力調査」

また、就業者数においてもいい状況が続いている（**図表14**）。民主党政権では就業者数が30万人ほど減少したが、安倍政権になってからは100万人以上増加している。ただし、雇用はGDPに比べて遅効指標であるから、このままGDPが伸びないと、そのうち雇用も悪くなるだろう。

GDP600兆円を達成するための3条件

2015年9月、安倍首相は自民党総裁再任後の記者会見において、新たな政策スローガンである「新3本の矢」を打ち出した。

旧「3本の矢」と同じように3つの基本方針で構成され、それぞれ「①名目GDP600兆円（強い経済）」「②出生率1・8（子育て支援）」「③介護離職ゼロ（社会保障）」である。

勘違いしている人がいるかもしれないので言及しておくと、「新3本の矢」が発表されたからと言って、「旧3本の矢」が打ち止めになったわけではない。旧「3本の矢」は、政府が掲げる2％のインフレ目標が達成されるまで継続されていく。旧「3本の矢」を継続したうえでの「新3本の矢」だと理解しておけばいい。

とりわけ金融政策は雇用を促すという点で、今後もアベノミクスの柱となるはずだ。

さて、「新3本の矢」のうち、中心となるのは①の「名目GDP600兆円」だ。②の「出生率1・8」、③の「介護離職ゼロ」は、どちらも実現するためには一定の政策コストがかかるが、それも名目GDP600兆円が達成できれば、自ずと実現できる。

この600兆円という数字、実は、安倍首相が急に言い出したわけではなく、以前から政府の中期財政計画で掲げられていたものだ。

名目GDP600兆円は、よい目標と言えるだろう。日本政府が、経済成長目標を国民に示すことは、1960年の池田勇人内閣の「所得倍増計画」以来である。

ただし、達成時期や手段が明示されていない点は問題だ。

もっとも、安倍首相の自民党総裁の任期である2018年までに、この名目GDP600兆円という目標を達成することは、決して不可能ではないと筆者は考えている。

ただし、そのためには3つの条件を満たす必要がある。そのうち一つでも欠けると目標達成は難しくなるだろう。筆者が考える条件とは、次のとおりである。

①20兆円の補正予算

②10％への消費再増税の凍結
③インフレ目標3％（日銀法改正）

それぞれについて、どのようにして達成するかを説明しよう。

外債投資で儲けた20兆円を、政府は財政支出で国民に還元すべきだ

まず、①の「20兆円の補正予算」だが、日本にはまだGDPギャップが10兆円ほど存在する。GDPギャップは「需給ギャップ」とも呼ばれ、経済の供給力と現実の需要との間の乖離《かいり》を言う。以下の説明が厳密に正しいとは考えてほしくないが、仮に、「髙橋洋一商店」という企業があったとして、その企業はフルに稼働すれば100億円の製品が生産できるにもかかわらず、不況などで50億円分の稼働にとどまっていた場合、ギャップが50億円存在することになる。これを日本国全体に当てはめたものが、GDPギャップである。

補正予算では、このギャップを政府の財政支出で埋めることが狙いだ。問題は財源だが、これはいとも簡単に捻出《ねんしゅつ》できる。「外為特会《がいためとっかい》」を活用すればよいのである。

外為特会は、正しくは「外国為替資金特別会計」という。政府が行う外国為替などの売

買や、それに伴う取引を円滑にするために外国為替資金を置き、その経理を一般会計と区別するための特別会計である。

簡単に言えば、政府が外国為替資金証券（為券《ためけん》）を発行して外貨を購入する際の管理・経理の勘定である。外債で財テクをした経験がある人ならわかると思うが、円安になると円ベースでの外債投資の手取り額が増える。これと同じことが外為特会でも起きる。

アベノミクスの金融政策により、円安が進行したことはすでに述べた。2016年に入ってから円高が進行したが、以前に比べれば円安傾向にあることは間違いない。

これは輸出企業や労働者に恩恵をもたらしたが、実は、日本政府もメリットを享受している。それが外為特会の含み益である。

国のバランスシートを見ると、2014年3月末時点で、「外為資金」の項目に約129兆円が計上されており、そのうち外国債券が約103兆円を占めている。一方で、外貨負債はない。ということは、円安が進めば進むほど日本政府の資産が膨らむことになる。

では、どの程度の財源が捻出できるのか。

外為資金の情報公開は進んでおらず、外から見るとブラックボックスになっているため大雑把にしかお伝えできないが、筆者の推計では10兆円以上だ。つまり、**円安の恩恵を受**

けた日本政府は、外債投資で10兆円以上も利益を上げているのである。

使える財源はこれだけではない。失業率の低下によって、いわゆる「雇用保険」の給付が少なくなっているため、「労働保険特別会計（労働保険特会）」にも約7兆円の差益が発生している。

両者を合計すると、20兆円近い財源になる。この約20兆円を国民に還元して、有効需要を財政支出によって創出すればいい。

現在の日本の名目GDPは約500兆円で、第二次安倍政権が目標に掲げる600兆円までは100兆円の乖離がある。

しかし、外為特会と労働保険特会を合わせた約20兆円を財政支出すれば、残りは80兆円である。これはさほど難しくない。労働保険特会の差益を使うには法制度を少しいじる必要があるが、理由を説明すれば、国民の支持は得られるだろう。

他にも、「財投債」を発行するという手もある。この財投債も、財政支出の大きな原資として使えるはずだ。財投債とは、財政投融資を実施するために政府が発行する国債の一つである。本書の前半で、マイナス金利は「資金を借りる人」に恩恵がある、と述べた。

国債の発行とは、政府が「お金を借りる」ことを意味する。すなわち、政府にも恩恵がもたらされるのだ。政府は、既存の国債について、「期限前償還はしない」と宣言しているため、住宅ローンのような「低利借り換え」はできないが、新規事業のための資金（新規の国債発行）に限っては、低利で調達することが可能となる。

この好環境を生かして、リニア新幹線の整備や建築物の耐震強化など、さまざまな新規事業による景気刺激策を実行すればいいのである。

筆者が主張する20兆円の補正予算には、「中国ショック」に備えるという意味もある。前にも触れたが、中国経済は減速局面に突入している可能性が高い。輸出依存度が高い韓国のような国は、中国ショックの影響をもろに被るだろうが、幸いなことに、日本の貿易依存度は低く、GDPに占める割合は2割程度だ。

中国経済減速の影響はもちろん被るが、日本経済は8割が内需で成り立っており、補正予算を組んで内需を拡大させれば、中国ショックの影響を緩和することができるはずだ。

インフレ目標を3%に再設定すれば、GDP600兆円は3年で達成できる

次が、②の「10%への消費再増税の凍結」だ。これに関しては、すでに実行されたので説明不要だろう。

最後の③「インフレ目標3％（日銀法改正）」について説明しよう。旧「3本の矢」では、2％のインフレ目標が掲げられていた。読者の皆さんは、「インフレ目標2％ですら達成できていないのに、3％の目標を掲げることは時期尚早ではないか」と思うかもしれないが、2％が達成できない原因を分析して、それを除去し、さらにパワーアップさせればいいだけの話である。

実際、日本のデフレマインドを払拭《ふっしょく》するためには、より高いインフレ目標を掲げてもいいくらいだ。ノーベル経済学賞受賞者のポール・クルーグマン氏はかつて、「日本には4％のインフレが必要だ」と述べた。また、安倍首相も2012年の政権交代選挙では、「インフレ目標は3％でもいい」と発言している。

インフレ率が2〜3％になると、実質GDP成長率が2％程度になることは過去の経験則からわかっている。経済環境がよいと、それに応じて実質成長率も伸びるのだ。

つまりインフレ率の3％と実質GDP成長率の2％を合わせると、名目GDP成長率5％を達成できることになる。名目GDP600兆円は、名目GDP成長率5％を3年ほど継続できれば達成できる計算だ。

海外のデータを参考に、名目GDP成長率5％達成の可能性を検討してみよう。IMF

図表15　1980年代の先進国のインフレ率と名目成長率

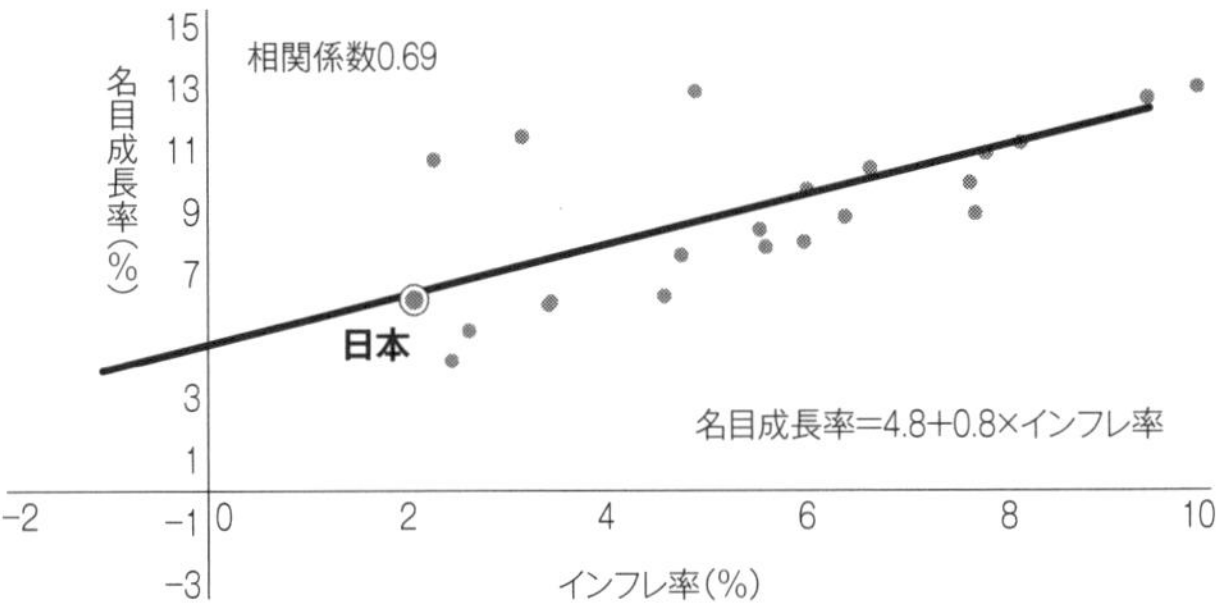

資料：IMF World Economic Outlook

（国際通貨基金）のデータから、1980年代と2000年代以降について、名目GDP成長率（以下、名目成長率）とインフレ率のデータが揃っている28カ国でそれぞれの年代の平均値を取ってみる（ただし、2桁になるようなデータは除く）。

1980年代ではインフレ率が2%以上になっており、日本のインフレ率が最も低いが、それでも2%程度だ（**図表15**参照）。

このグラフからも、**名目成長率とインフレ率の間には、やはり相関関係がある**ことがわかる。もっとも、インフレ率が高すぎると、名目成長率はそれほど伸びない。

日本は、先進国の中で、傾向線に沿った経済パフォーマンスで、名目成長率は6%程度、インフレ率は2%程度だった。

図表16　2000年代の先進国のインフレ率と名目成長率

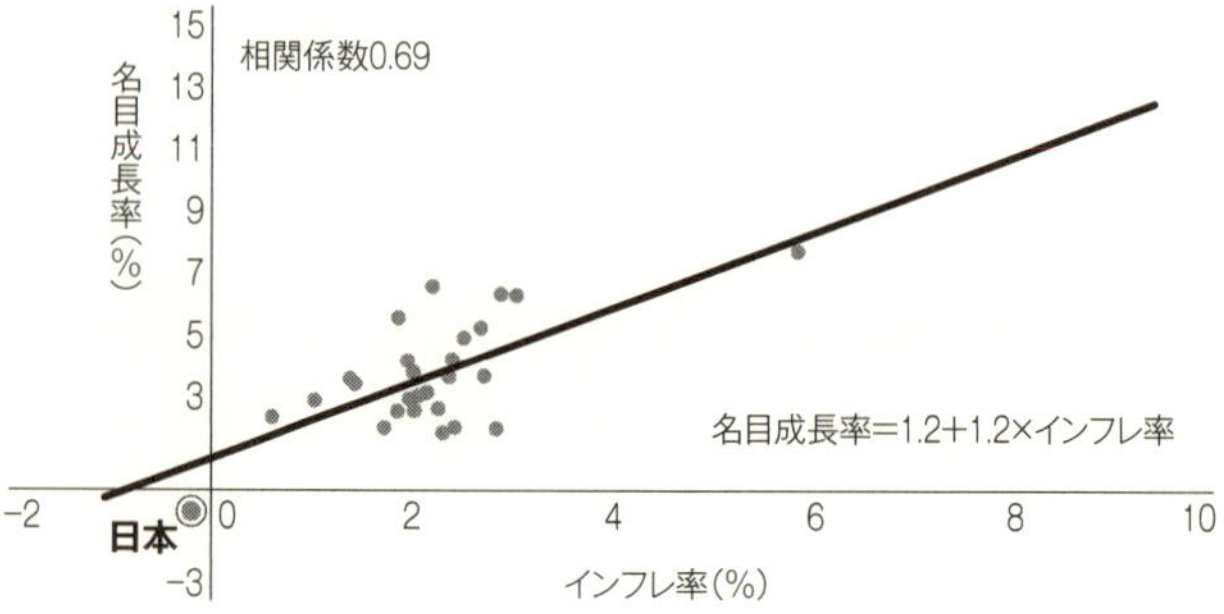

資料：IMF World Economic Outlook

同じように、2000年代を見てみよう。ほとんどの国はインフレ率が2%前後だが、日本だけがデフレでマイナスになっている（**図表16**参照）。

このグラフからも、やはり名目成長率とインフレ率の間には相関関係があることが見て取れる。2〜3%近辺のインフレ率であれば、名目成長率は高くなる傾向があるのだ。

日本は、傾向線の経済パフォーマンスが出せず、インフレ率は若干のマイナス、名目成長率も若干のマイナスである。

この傾向線に沿ったパフォーマンスが出せるとして、インフレ率3%を金融政策で達成できれば、それに対応する名目成長率は4・8%になる計算だ。

このように海外からのデータを見るかぎり、名目成長率5%は達成可能と言えるだろう。

図表17 GDPギャップ率と半年後のインフレ率

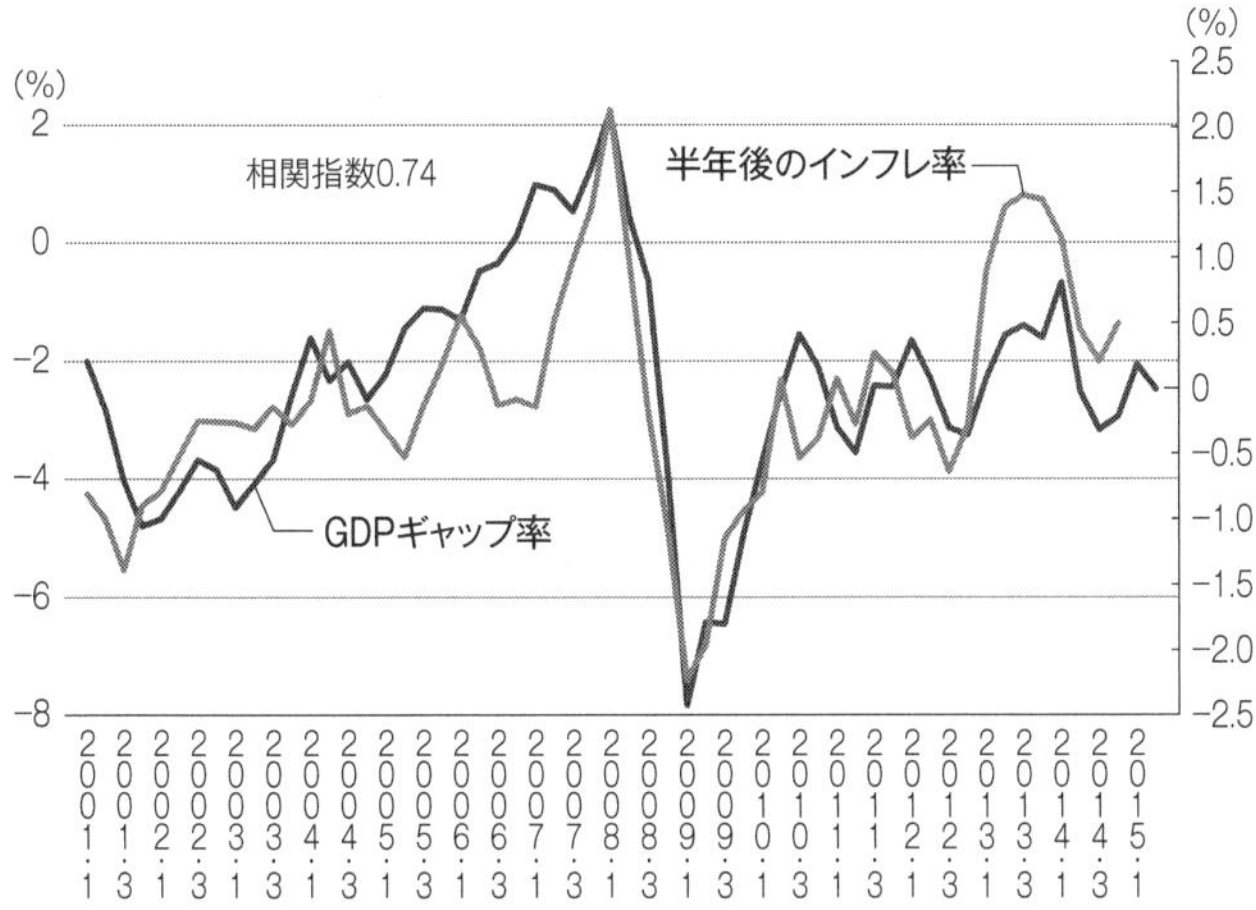

資料：総務省「消費者物価指数（総合）」、内閣府「国民経済計算」。GDPギャップ率は筆者推計

現在の名目ＧＤＰを５００兆円とすると、成長率５％なら、翌年の名目ＧＤＰは５２５兆円、翌々年の名目ＧＤＰは約５５１兆円、３年後の名目ＧＤＰは約５７８兆円に増える。これに、前述の20兆円の財政支出を加えれば、ほぼ６００兆円だ。

しかも、名目成長率５％を実現できれば、増税も歳出カットもせずに、プライマリーバランスの黒字化も達成できるだろう。名目ＧＤＰ６００兆円という目標は「砂上の楼閣」でも「幻」でも何でもなく、手が届くところにあるのだ。

２０００年代にはリーマンショックが発生し、名目成長率は低めになっている。

図表18 インフレ率(現実と予測値)の推移

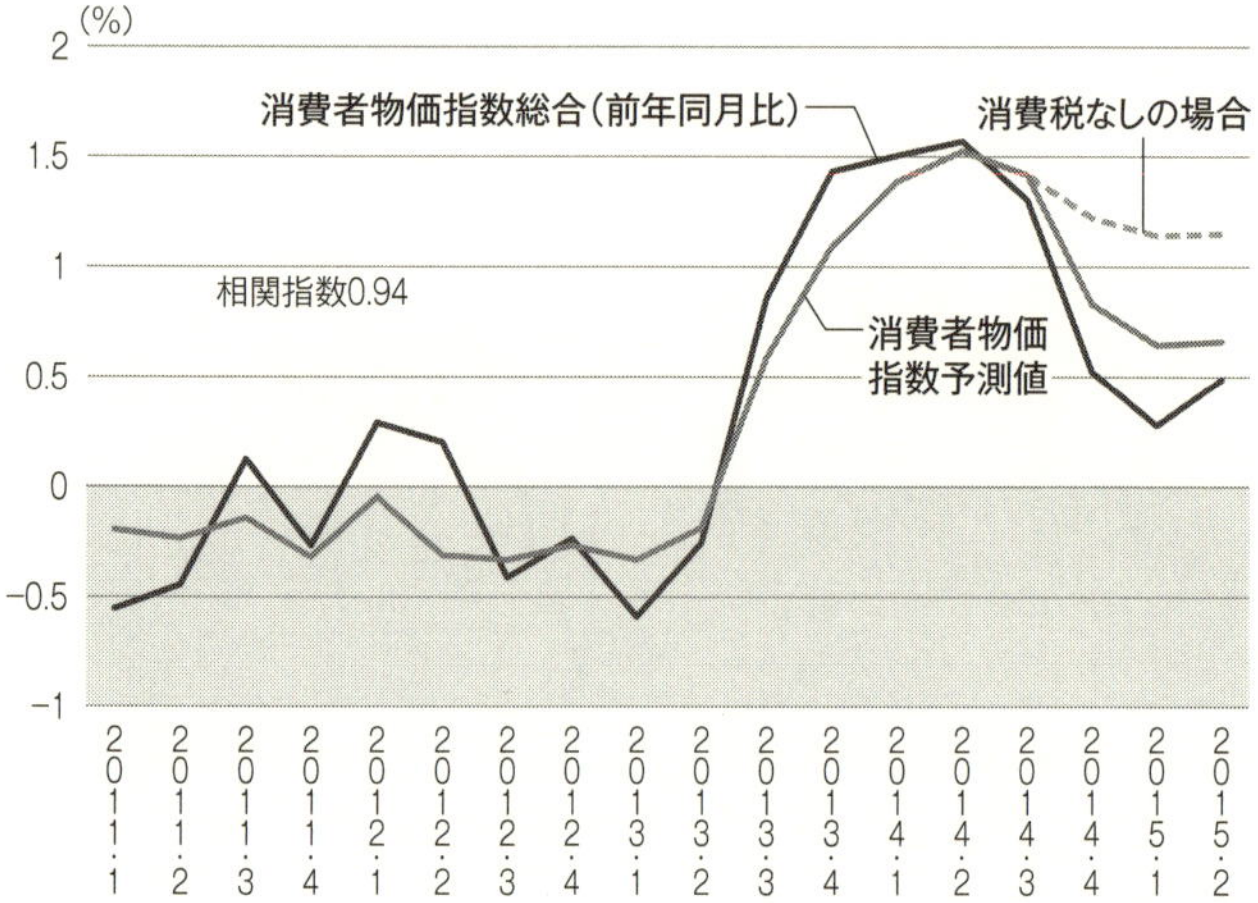

資料:総務省「消費者物価指数(総合)」。
予測値は、マネタリーベース伸び率、GDPギャップ率、消費増税から筆者試算

50年、100年に1回とも言われるリーマンショックのような事態がなければ、5%程度の名目成長は容易に達成できるはずだ。

なお、インフレ率は、金融政策とGDPギャップでかなり説明できる。

図表17は、2001年以降四半期ベースで見たGDPギャップと半年先のインフレ率の関係である。右軸にGDPギャップ、左軸にインフレ率(消費者物価指数〈総合　対前年同月比〉)を取っている。消費者物価指数とは、消費者がモノやサービスを購入する段階での小売価格の動向を表す指標であ

る。これを見れば、GDPギャップは半年後のインフレ率とかなりの相関関係があることがわかる。

この関係に、マネタリーベースの伸び率を加えてインフレ率を予測したものが、**図表18**である。その際、消費増税の影響を入れたものと入れないものを示している。消費増税がなければ、今ごろインフレ率は1・0〜1・5％程度になっていたことが予想される。

消費増税は、GDPを減少させ、GDPギャップを拡大させ、同時にインフレ率を低下させてしまった。これが2014年度のマイナス成長の原因である。

この分析からわかることは、マネタリーベースを現在のペースより増やすことにより、インフレ率3％は達成できるということだ。ざっくり試算すると、現在の年間60兆〜80兆円程度のマネタリーベース増加を、100兆円程度まで増やせばいいだけだ。

これを確実に行うためには、日銀法の改正が必要になるのである。

待機児童問題は保育士の給与を上げるだけでは解決しない

子どもは国の宝だ。数十年後の日本経済を牽引し、支えていくのは、現在の子ども世代である。

先般、「保育園落ちた日本死ね！」と書かれた匿名のブログが話題となり、待機児童問題が政局がらみでクローズアップされ、国会でも議論になっている。

保育園に子どもを預けられない人が増えている背後には、保育士不足の問題が潜んでいる。問題の解決には、保育士の給与アップを含む待遇改善が必要だという指摘もある。

民進党は、保育士の給与を5万円アップさせる法案を提出すると主張し、財源は、公共事業の削減などで確保するとしている。

この問題について、まず現状を整理しておこう。

話題になっている保育士の給与について、厚労省の「平成27年賃金構造基本統計調査」によれば、「決まって支給する現金給与額」の男女平均を見ると、全産業では勤続12・1年で30・4万円（平均42・3歳）、保育士では勤続7・6年で21・9万円（平均35歳）となっている。年齢差や勤続年数差を考慮する必要はあるが、保育士の給与がそれほど高くないことは事実である。

次に、保育士の労働市場を見てみよう。

保育士の有効求人倍率には、5月から12月にかけて上昇し、その後は低下するという季節性が見られる。地域によって有効求人倍率は大きく異なっているが、全体的には、各地

図表19　保育士の求人・求職の状況（東京都）

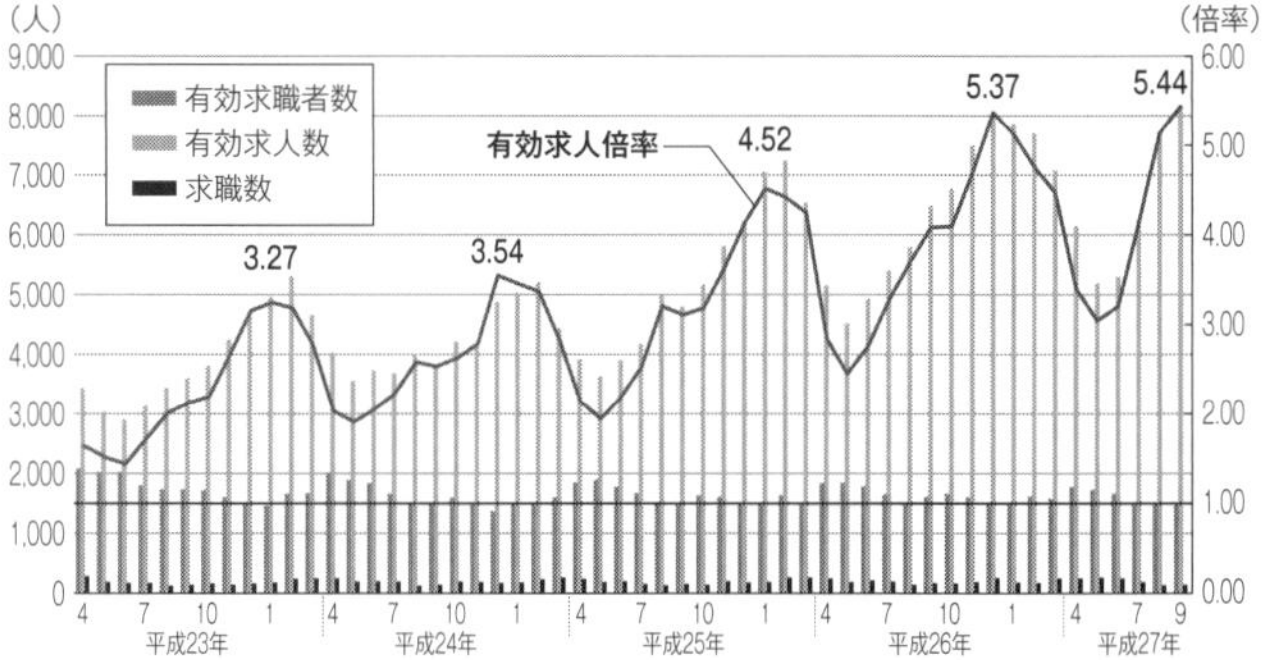

資料：厚生労働省「一般職業紹介状況（職業安定業務統計）」
※各年度において最も有効求人倍率の高かった数値を記載

で上昇傾向になっている（**図表19、20**参照）。

次に、全国の待機児童数の推移を見ておこう。２００８年４月に１万９５５０人だった待機児童は、２０１０年４月に２万６２７５人に増え、その後いったん減少して２０１４年４月に２万１３７１人となったが、翌２０１５年４月に再び増加して、２万３１６７人になっている。地域分布を見ると、待機児童の半数近くが東京に集中しており、まさに都市問題の典型である。

東京23区で見ると、特定の区に待機児童問題が集中している。待機児童数の就学前児童数に対する比率を見ると（**図表21**参照）、世田谷区が２・７３％、渋谷区が２・６２％、目黒区が２・３４％と高く、一方、千代田区は０％、杉並区は０・１８％、港区は０・２２％と低い。

図表20 保育士の各都道府県別・有効求人倍率等の比較（平成27年9月時点）

	新規求職申込件数	有効求職者数	新規求人数	有効求人数	有効求人倍率
全国	4,495	19,501	13,225	36,117	1.85
北海道	225	1,066	470	1,332	1.25
青森	36	280	182	435	1.55
岩手	52	209	111	328	1.57
宮城	119	431	364	841	1.95
秋田	35	127	93	232	1.83
山形	59	173	102	264	1.53
福島	81	248	159	389	1.57
茨城	87	318	286	689	2.17
栃木	70	284	230	626	2.20
群馬	68	335	140	335	1.00
埼玉	185	884	1,188	2,368	2.68
千葉	155	701	380	1,320	1.88
東京	328	1,508	2,684	8,196	5.44
神奈川	217	1,025	1,106	2,917	2.85
新潟	89	309	176	480	1.55
富山	34	133	103	229	1.72
石川	31	167	75	259	1.55
福井	17	80	66	159	1.99
山梨	41	151	68	134	0.89
長野	53	283	91	274	0.97
岐阜	86	311	114	353	1.14
静岡	118	471	208	692	1.47
愛知	224	1,111	333	1,036	0.93
三重	51	234	73	232	0.99
滋賀	60	239	167	378	1.58
京都	99	469	215	615	1.31
大阪	314	1,432	711	1,946	1.36
兵庫	210	964	428	1,228	1.27
奈良	53	210	54	252	1.20
和歌山	26	135	211	333	2.47
鳥取	28	125	125	284	2.27
島根	27	121	40	156	1.29
岡山	74	367	141	376	1.02
広島	110	443	480	1,447	3.27
山口	60	269	104	240	0.89
徳島	30	118	78	233	1.97
香川	52	162	96	201	1.24
愛媛	47	239	94	265	1.11
高知	40	162	46	141	0.87
福岡	283	1,072	414	1,170	1.09
佐賀	38	200	58	188	0.94
長崎	66	271	133	369	1.36
熊本	78	351	207	517	1.47
大分	58	263	119	263	1.00
宮崎	69	290	178	418	1.44
鹿児島	149	505	192	451	0.89
沖縄	63	255	132	526	2.06

資料：厚生労働省「職業安定業務統計」

図表21 東京23区の待機児童の対就学前児童比率(2015.4)

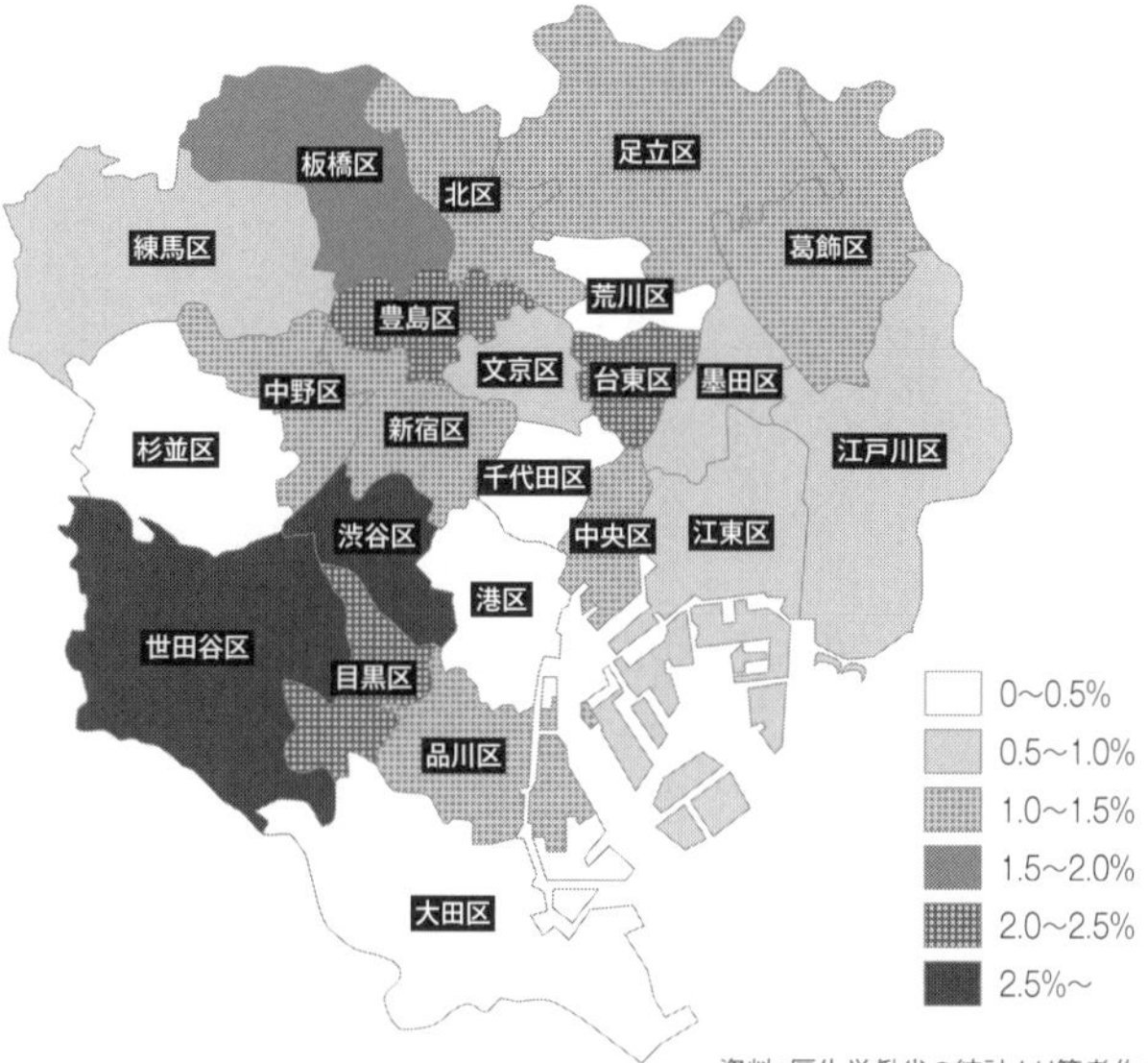

資料:厚生労働省の統計より筆者作成

これらの自治体では、待機児童の多くが0～2歳となっている。東京周辺部の横浜市や川崎市、千葉市、さいたま市になると、待機児童数はかなり少なくなっている。

これらのデータから、保育士と待機児童の問題は、地域性がはっきりしていることがわかる。こうした地域差のある問題を解決するには、**何事も全国一律で考えがちな国に任せるのではなく、地方自治体に対策を一任するほうが理に適《かな》っている**と言えるだろう。

つまり、民進党が言うように、給与を一律に上げても解決しないのだ。

第二次安倍政権は、マクロ経済の分野では金融緩和をはじめとして、比較的まともな経済政策を実施してきた（消費増税は除く）が、ミクロ経済分野では、地方分権をもっと進めるべきだったという点で不十分だった。待機児童はまさにその分野であり、地方に任せておけば、安倍政権がこの問題でヤリ玉にあげられることはなかったはずだ。

地域偏在の問題には、資金を投入するにしても、方法については熟慮して実行する必要がある。民進党のように給与を補填するにしても、全国一律にしてしまえば、効果が発揮されにくくなる。保育士が余っている地域にも同じように給与補助を実施すると、保育士の移動が妨げられて、かえって都市部の保育士不足を助長するケースが想定されるからだ。

短期的に考えられる対応策は、保育士・保育所という供給サイドに働きかけるのではなく、待機児童（とその保護者）という需要サイドを動かすことだ。

待機児童問題に直面しているのは「共働き世帯」だが、彼らは夫婦で稼いでしっかり税金を納めているため、行政にとっては手放しがたい層だ。

そこで、各自治体の保育計画を見ながら、弾力的に居住地を選択できるように、たとえば住居移転について公的補助ができれば、ある程度のミスマッチは解消できるだろう。あるいは、広域的な保育バスを導入することでも同様の効果が期待できる。

どうすれば保育士の質を上げられるか

一方、保育士・保育所という供給サイドの問題については、中長期的な対策がさまざまに考えられる。

政府は、新たに50万人分の保育士の受け皿を用意するという。具体的には、保育士を増やすために、一度離職した保育士が現場に復帰する際に20万円の準備金を出す、保育専門学校や短大に通う学生に月5万円の返済免除の奨学金を出す、などの政策を提示している。これはこれで結構なことだ。

ただし、それらは経済の新しい潮流をつかんでいない旧態依然とした策だ。昨今、注目を集めているのは、「シェアード・エコノミー（共有型経済）」という発想で、これは、提供者が所有するモノやサービスを、利用者が共有することで成立する市場経済の仕組みである。配車サービス事業の「Ｕｂｅｒ（ウーバー）」がその代表例だ。「ウーバー」とは、アメリカのウーバー・テクノロジーズ社が運営するサービスで、一般の人がスキマ時間とマイカーを使って他人を運ぶビジネスである。わかりやすく言えば、読者の皆さんがマイカーを所有していたとして、そのマイカーを有償で他人に貸し出すビジネスだ。

マイカーの1日の平均稼働率は、24時間で換算した場合、わずか2％程度と言われている。つまり、マイカーはほとんど使用されていないのだ。「ウーバー」のような配車サービスが本格化すれば、マイカー所有者にとっては、よい副収入源になるだろう。

今でもインターネットで探せば、「カーシェア」「シェアルーム」など、いくらでも類似のサービスが出てくる。

筆者は、この**「シェアード・エコノミー」を待機児童問題に応用すべきだ**と考えている。具体的には、かつて保育士資格を取得した人や保育サポーター、保育ママなどを登録させ、彼ら彼女らの自宅などを活用したマッチングビジネスを地方自治体が支援する、というものだ。

現状の仕組みでは、保育所に入所できるか否かしか選択肢が用意されていないのに対し、この新たな仕組みを構築すれば、対応可能な保育士、保育サポーター、保育ママとスペースの活用（ウーバーの応用）による柔軟なサービス展開が可能になるはずだ。

また、シェアード・エコノミーを導入すれば、保育士の給与の改善にもつながる可能性があると筆者は見ている。

そこで、現状の保育士の給与がなぜ低いのかを考えてみよう。これまでは有効求人倍率がそれほど高くなかったこと、地域によってニーズが限定されていて、全国的に給与が低く、保育士の全般的な質を保つことができなかったことなどが、その給与上昇を阻んできた可能性がある。

これを改善するカギは、保育士資格を得るためのルートにある、と筆者は推測している。保育士になるルートは、①養成校（短大、専門学校など）に通うか、②保育士試験を受けるか、の2つしかない。業界関係者の共通認識は、①のルートの人たちの多くは、育児経験不足のために（少し酷な言い方だが）「使いものにならない」というものだ。

一方、育児経験や教育経験のある人たちを②のルートで保育士にしようとしても、試験の難易度が無駄に高くて簡単には合格できない。実際、保育士試験の合格率はおおむね20%程度である。試験問題を全国保育士養成協議会（＝養成校の業界団体）が作成しており、これがいわゆる「既得権化」していて、その権益を守るために難易度を高くしているというのがその理由の一つだ。

わかりやすく言うと、試験問題を易しくしてしまうと養成校への入学者が減少し、それは養成校にとって死活問題になりかねないため、試験問題を作成している側からすれば、難易度を高くして合格者数が増えないようにしようというインセンティブが働くのだ。

これでは、保育士全般の質の向上は難しい。そして、質が悪いから待遇も悪くなるという悪循環に陥っているわけだ。これを断ち切るためには、まず試験制度を改善し、②のルートの合格者数を増やし、保育士の質を向上させることからスタートするのが望ましい。

質を向上させたうえで、給与を改善していくのがベストだろう。

さらに、シェアード・エコノミーを活用すれば、保育士の質と待遇両方の向上が期待できる。シェアード・エコノミーの必須要件である「顧客の評価フィードバック（顧客満足度調査のようなもの）」を活用すればいいからだ。

これで、利用者評価やスキルに応じた給与システムの構築が可能になり、質の高い保育士には、より高い給与を払うことができるようになるはずだ。保育士の生産性を向上させ、スキルの高い人に高い給与を払う仕組みに変えていくことが問題解決の本筋である。

ただし、シェアード・エコノミーを活用した待機児童対策を提案すると、必ず「安全性に問題がある」という反論が出てくる。

2014年3月、インターネットのベビーシッター仲介サイトに登録したベビーシッターが、預かった子どもを虐待していたことが明るみになった事件は記憶に新しい。

安全性の問題については、もちろん対策を講じる必要があるだろう。自治体が一定のルールを定めて、保育士や保育サポーター、保育ママを監督することが必須である。

具体的には、研修の実施は当然として、複数人でチームを組ませること、カメラによる監視を行うことなどが挙げられる。現在の技術であれば、カメラ監視（保護者からも監視が可能）も極めて安価にできるはずだ。

現状の保育施設にかかる過剰規制の問題は、政府の規制改革会議などでも長年にわたって取り上げられてきたが、充分には解決されていない。シェアード・エコノミーの活用（空きスペースと対応可能な人員の活用）を試みようとすれば、規制体系をさらに全面的に見直す必要がある。もっとも、シェアード・エコノミーはあくまで活用のための一つの手段であり、既存の保育所の役割を否定するものではない。既存の制度上に、重層的な仕組みを作ろうというものだ。

以上のように、待機児童問題にはさまざまな角度からのアプローチが考えられる。地方分権を進める中で、試行錯誤しながらも、少しずつ前に進むべきである。

日本経済は必ず成長できる！

この先の日本経済は、東日本大震災級の天災や国内での大規模テロなどが発生しなければおそらくよくなっていくはずだ。なぜなら、悪くなる要素が見当たらないからである。2017年4月に予定されていた消費再増税も延期が決まったことは、実に喜ばしいことだ。もちろん、短期的に景気がもたつく局面はあるかもしれないが、総じて、日本経済に死角は見当たらないのである。

日本の行く末は、「経済成長」できるかどうかにかかっている。経済成長すれば、そのぶん税収が増える。税収の目安は、名目GDPのおよそ2割だ。名目GDP600兆円を達成できれば、国税と地方税の合計はその2割、つまり120兆円程度となる。経済成長によって税収増が実現できれば、日本を取り巻くさまざまな問題の大部分は解決できるはずだ。

読者の皆さんの中には、たとえば、年金について不安を感じている人がいることと思う。2015年6月に、新幹線の車内で高齢男性が焼身自殺を遂げた事件は社会に大きな衝撃を与えた。この男性は、年金受給額の少なさに伴う生活苦を嘆いていたとも聞く。

一定の年金額が保障されていると考えられている現在の高齢者の中にもこのような人物が出てくるくらいだから、年金額が目減りする可能性が高いと言われている現役世代、特に若い世代が受給年齢に達したときに、同様のケースが頻発するのではないかという懸念が一部では持たれている。

社会保障とは、パイの配分に他ならない。パイが小さくなれば、当然のことながら一人ひとりに配分される分量も少なくなる。「失われた20年」が「失われた30年」「失われた40年」に延び、経済が縮小していけば、パイはどんどん小さくなっていく。

経済成長によって全体のパイを大きくしなければ、いずれ日本の社会保障制度がサービス水準を維持できなくなることは目に見えている。いわゆる「ベーシックインカム（就労・資産にかかわらず一定の所得をすべての人々に交付する政策）」を導入したところで、パイが小さければ何の意味も持たないのだ。

経済成長が続けば、年金も破綻しない！

社会保障制度を維持するためには、税金投入を毎年1兆円ずつ増加させる必要があると言われている。しかし、である。＋1兆円分の財源は、実は＋1％程度の経済成長を実現すれば簡単に賄えるのだ。経済成長すれば、増税せずとも財政再建ができるし、社会保障も維持できる。だからこそ、経済成長が必要なのである。

バブル崩壊以降の20年間、デフレという名の寒気にさらされ続けた日本人は萎縮し、「日本はもう成長できない」「日本経済は終わった」という悲観論が列島全体に蔓延《まんえん》していた。しかし、そんなことはない。日本にはまだまだ成長の余地が充分に残されている。

それは、アベノミクスの金融政策の効果で、経済指標が軒並み改善していることを見れば明らかだ。

もっとも、経済成長は口を開けて待っているだけでは手に入らない。第二次安倍政権は、金融政策や財政政策によって総需要を刺激し、成長戦略によって将来の成長を促すための矢を放った。だからと言って、経済成長が「天から降ってくる」ことはあり得ない。

将来の経済成長は、企業が自ら努力をし、地方が自ら努力をし、そして、一人ひとりの個人が自ら努力をすることで、初めて実現できるのである。

確かに、目の前には課題が山積している。筆者がいくら「経済成長できる」と主張しても、「今はまだよくても、人口がさらに減少する10年後、20年後には、また停滞に逆戻りするのではないか」と心配する人もいるかもしれない。

しかし、**10年後、20年後のことを今心配しても仕方がない**。まずは、目の前の問題を片づけることが重要だ。もちろん、将来のことを何も考えるなと言っているわけではない。筆者だって、将来を思って不安になることはある。しかし、将来とは現在の積み重ねである。目の前のことに一生懸命に取り組むことで、初めて将来への展望が開けるのだ。

この本を手に取っている読者の皆さんも、仕事やプライベートなどの面で、日々、目の前の問題や課題をクリアするために、一生懸命に努力されていることと思う。現在もがんばっているのだから、10年後、20年後も、おそらくがんばっているはずだ。だから悲観せず、将来のことはなるべく楽観的に考えるべきである。

日本という国は、もともと自然環境が厳しく、天然資源にも恵まれていない国だ。にもかかわらず、これまで連綿と歴史を紡《つむ》いでこられたのは、一人ひとりの日本人が勤勉で創意工夫の精神に満ち溢れ、なおかつ努力を欠かさなかったからだ。大きな天災に見舞われるたびに復興を果たし、20世紀半ばには大きな戦争を経験して国内が荒廃したが、そこからも見事に這い上がり、現在まで平和と繁栄を謳歌してきた。

それと同じことが、この先できないはずがない。

データに基づく分析を重視する筆者は、感情や印象でものを語ることが嫌いだ。

それでも、あえて言わせてもらおう。筆者は信じている。勤勉かつ創意工夫の精神に満ち溢れた日本人の力と、その集合体である日本経済の大きな力を――。

第2部

日本が戦争に巻き込まれない最も確実な方法

日本の周囲は戦争リスクに満ちている！

どうすれば戦争を防ぐことができるのか

太平洋戦争の終結から、70年以上の月日が流れた。この間、日本は一度も戦争をしていない。戦後生まれの筆者は、当然のことながら戦争を経験していないし、多くの国民にとってもそれは同じだろう。日本人にとって、戦争とは学校の教科書などで学ぶものであって、実際に起こることではなくなっているのかもしれない。

しかし、戦争のリスクは、現実に、そして常に存在する。平和を謳歌しているように見える日本とて例外ではない。事実、第二次世界大戦の終結以降も、日本周辺を含む世界中のさまざまな地域で、数多くの戦争が発生しているのだ。

甚大な犠牲や損害、憎悪、そして未来への禍根《かこん》しか生み出さない戦争は、絶対に避けなければならない。この意見に、異論を挟む人は一人もいないだろう。では、どうすれば戦争を防ぐことができるのだろうか。

左派系の識者やマスコミは、「憲法9条」があれば平和が守られると説く。しかしながら、彼らが主張しているように、「戦争の放棄」を謳った「憲法9条」さえ堅持していれば、日本の平和が守られるかと言えば、そんなことはあり得ない。

左派系の論理は、「祈ってさえいれば平和が守られる」と言っているのに等しく、現実を踏まえない感情論の類である。日本国憲法のような不戦憲法は、世界の中で特に珍しいものではなく、一国の憲法だけで平和が訪れるほど現実の世界は甘くないのだ。ウサギが平和を願っていればキツネに狩られる恐れがなくなるかと言えば、そんなことはないのである。

量子力学、非可換幾何学、考古学、解剖学、社会心理学など、世の中にはさまざまな学問分野が存在するが、「どうすれば戦争を防ぐことができるか」ということについて研究する学問がある。それが「国際関係論（国際関係学）」だ。

筆者はかつて財務省の官僚だったが、官僚時代の1998年から2001年にかけて、日本政府の派遣で、「金融論の総本山」とも呼ばれるアメリカのプリンストン大学に留学した。かつての小泉純一郎政権や第一次安倍晋三政権で経済運営のブレーンを担っていた経緯もあり、プリンストン大学でも経済政策や金融政策を研究していたと思われがちだが、そこで筆者が主に学んだのは、実は、その国際関係論だった。

師事したのは、『民主的平和論（democratic peace theory）』で有名なマイケル・ドイル教授（現コロンビア大学教授）だ。民主的平和論とは、簡単に言うと、「民主主義国家同士の間では戦争はほとんど起こらない」という主張である。

この民主的平和論は、もともと18世紀に活躍したドイツの哲学者、イマヌエル・カントが著した『永遠平和のために』を源流とする考え方で、前述のドイル氏が現代に復活させたものだ。カントは著書の中で、戦争を避けるためには3つの条件が必要だと論じた。その3つとは、「民主主義の成熟」「国際的組織への加入」「経済的相互依存」である。

この3つは「カントの三角形」と呼ばれており、3つの条件のうちの一つ「民主主義の成熟」と「戦争」の関係が、民主的平和論として知られているものだ。**カント自身は、「民主主義国家同士では、戦争は絶対に起こらない」と述べたが、厳密に言えばそれは間違いであり、「戦争の確率がグンと減る」、あるいは「民主主義国家は稀にしか戦争を起こさない」**という言い方が正しい。

では、民主的平和論が主張するように、実際に民主主義国家同士では戦争がほとんど起こらないのだろうか。戦争に関するデータを見てみよう。

第二次世界大戦後、世界の戦争の約4割がアジアで行われている

戦争に関する基礎データとして紹介するのは、戦争の因果関係について実証的に研究した「The Correlates of War Project（戦争の相関関係プロジェクト）」が作成したデータである。

データは、すべてウェブサイトで公開されており、誰でも閲覧することができる。興味がある方は、覗いてみるといいだろう。

最初に、戦争の定義をはっきりさせておこう。

国際関係論では、1000人以上の戦死者を出した軍事衝突が戦争とみなされている。しかし、一口に「戦争」と言っても、内戦、国家間、それ以外など、形態はさまざまだ。ここでは、第二次世界大戦後の「国家間戦争」について見ていきたい。

第二次世界大戦後、地球上では計37回の戦争が発生している。**図表22**が、その一覧である。このうち、実に14回の戦争がアジアで行われている。つまり、第二次世界大戦後の戦争の約4割がアジアで行われていることになる。

図表23は、アジアで勃発した戦争と、それに関与した国だ。また、アジアの戦争につ

図表22　第二次世界大戦後に起こった戦争

名称	発生年	終結（休戦）年
●カシミール戦争	1947年	1949年
イスラエル・アラブ戦争	1948年	1948年
●朝鮮戦争	1950年	1953年
●第一次台湾海峡危機	1954年	1955年
第二次中東戦争	1956年	1956年
ハンガリー動乱	1956年	1956年
イフニ戦争	1958年	1958年
●第二次台湾海峡危機	1958年	1958年
●中印国境紛争	1962年	1962年
●ベトナム戦争	1965年	1975年
●第二次印パ戦争	1965年	1965年
第三次中東戦争	1967年	1967年
●ラオス内戦	1968年	1973年
消耗戦争	1969年	1970年
サッカー戦争	1969年	1969年
●カンボジア作戦	1970年	1971年
●バングラデシュ独立戦争	1971年	1971年
第四次中東戦争	1973年	1973年
キプロス紛争	1974年	1974年
アンゴラ内戦	1975年	1976年
オガデン戦争	1977年	1978年
●カンボジア・ベトナム戦争	1977年	1979年
ウガンダ・タンザニア戦争	1978年	1979年
●中越戦争	1979年	1979年
イラン・イラク戦争	1980年	1988年
フォークランド紛争	1982年	1982年
レバノン戦争	1982年	1982年
チャド・リビア紛争	1986年	1987年
●中越国境紛争	1987年	1987年
湾岸戦争	1991年	1991年
ボスニア・ヘルツェゴビナ紛争	1992年	1992年
ナゴルノ・カラバフ戦争	1993年	1994年
セネパ戦争	1995年	1995年
エチオピア・エリトリア国境紛争	1998年	2000年
コソボ紛争	1999年	1999年
●カールギル紛争	1999年	1999年
イラク戦争	2003年	2003年

●印：アジアで行われた戦争

資料：The Correlates of War Project

図表23　アジアで勃発した戦争と関与した国

名称	交戦勢力1	交戦勢力2
カシミール戦争	インド	パキスタン
朝鮮戦争	アメリカ、カナダ、コロンビア、イギリス、オランダ、ベルギー、フランス、ギリシャ、エチオピア、トルコ、フィリピン、韓国、タイ、オーストラリア	中国、北朝鮮
第一次台湾海峡危機	台湾	中国
第二次台湾海峡危機	台湾	中国
中印国境紛争	インド	中国
ベトナム戦争	アメリカ、韓国、タイ、カンボジア、南ベトナム、フィリピン、オーストラリア	北ベトナム
第二次印パ戦争	インド	パキスタン
ラオス内戦	アメリカ、タイ、ラオス	北ベトナム
カンボジア作戦	アメリカ、カンボジア、南ベトナム	北ベトナム
バングラデシュ独立戦争	インド	パキスタン
カンボジア・ベトナム戦争	カンボジア	ベトナム
中越戦争	ベトナム	中国
中越国境紛争	ベトナム	中国
カールギル紛争	インド	パキスタン

資料：The Correlates of War Project

いて、アジア諸国が関わった延べ年数を表したものが**図表24**の地図である。これらのデータが示していることは、**アジアは世界の中でも特に戦争が多い地域**ということだ。

見ればわかるように、ベトナム、中国、韓国、フィリピン、タイ、カンボジアの回数が多いが、**民主主義国家同士で行われた戦争は極めて少ない**。これはアジアに限らず、世界的にも同じ傾向が見てとれる。民主主義国家であるインドとパキスタンは何度も衝

図表24 第二次世界大戦後アジアで戦争を起こした国と延べ年数

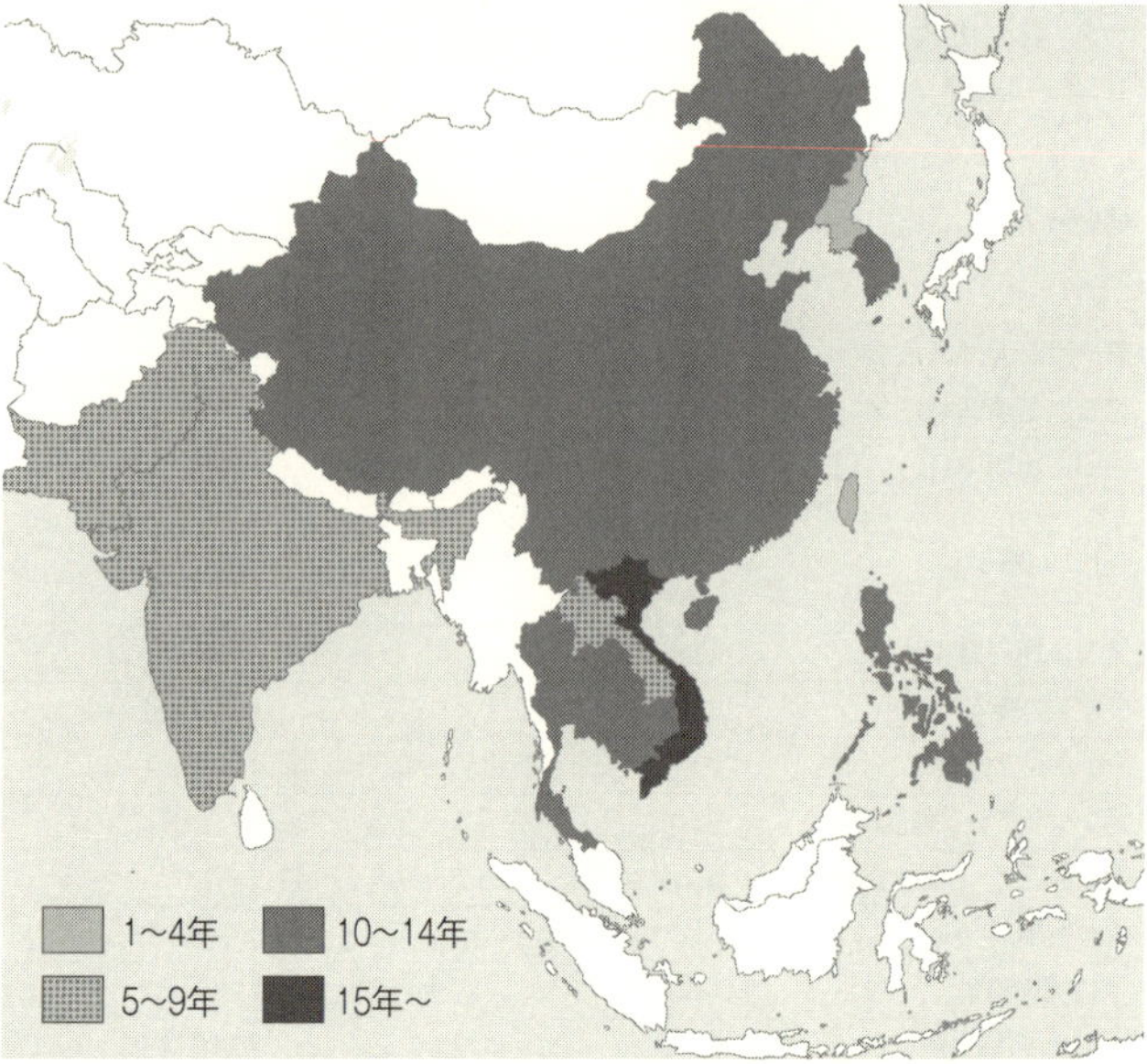

資料:The Correlates of War Project

突しているが、両国はお世辞にも民主主義の程度が高い国とは言えないだろう。

これらのデータからも、民主的平和論が掲げる「民主主義国家同士では戦争がほとんど起こらない」という主張には、一定の説得力があることがわかる。

民主的平和論については、「民主主義の定義があいまいだ」「例外も存在する」などといった批判もあるが、少なくともデータを見るかぎり、筋が通ったロジックのように思える。

では、なぜ民主主義国家同士では戦争にならないのだろうか。その理由については、読者の皆さんもおわかりだろう。

民主主義とは、選挙を軸とした主権在民の政治システムである。政治には国民の意思が色濃く反映され、国民の大多数は戦争を望まないため（皆さん自身、誰とも殴り合いのケンカなどしたくないと思っているはずだ）、選挙によって国民の負託を受けた議員や議会は、当然のことながら、あらゆる手段を講じて戦争の回避に努めるのである。

言い換えれば、民主主義とは外交が内政の論理で行われる仕組みであり、時の権力者が「気まぐれ」や「野心」で戦争を起こせないシステムなのだ。議会制民主主義が発達したのはヨーロッパにおいてだが、もとはと言えばそれも、独裁者や専制君主による戦争を防ぐことが主たる目的だった。

民主化が遅れているアジアは戦争の巣だ

日本では民主主義が高いレベルで機能しているため、自ら戦争を起こす、すなわち他国に戦争を仕掛ける可能性は極めて低い。

そもそも日本の自衛隊には、軍事力を輸送・展開して作戦を遂行する戦力投射能力がないため侵略戦争はできないが、だからと言って、日本に戦争リスクがまったくないかと言うと、必ずしもそうとは限らない。日本が望んでいなくても、周辺の動向などそれ以外の要因によって軍事衝突を余儀なくされる可能性は充分に考えられるからだ。

注意しなければならないのは、ただでさえ戦争多発地域であるアジアの中で、**日本の周囲には戦争関与国が多いうえに、お世辞にも民主主義国家とは呼べない国がいくつか存在する**ことだ。

たとえばアジアにおいて、民主主義から乖離した国として中国、北朝鮮、ベトナムなどが挙げられる。中国の民主度も低いが、北朝鮮に至っては、世界最悪の民主度である。しかも、中国と北朝鮮は日本の目と鼻の先にあり、戦争リスクについて充分に警戒すべき国である。日本人は、火薬庫の真横に家を構えて暮らしているようなものなのだ。

図表25は、世界各国の民主度を示したものだ。国家の民主度の測り方はいろいろあるが、ここでは、「Polity Ⅳ Project」を取り上げる。

これは、1974年にアメリカの政治学者テッド・ガー氏がアメリカ政治学会誌に発表したデータに基づいており、1800年から約200年間のデータが使用されているため、

図表25　世界各国の民主度

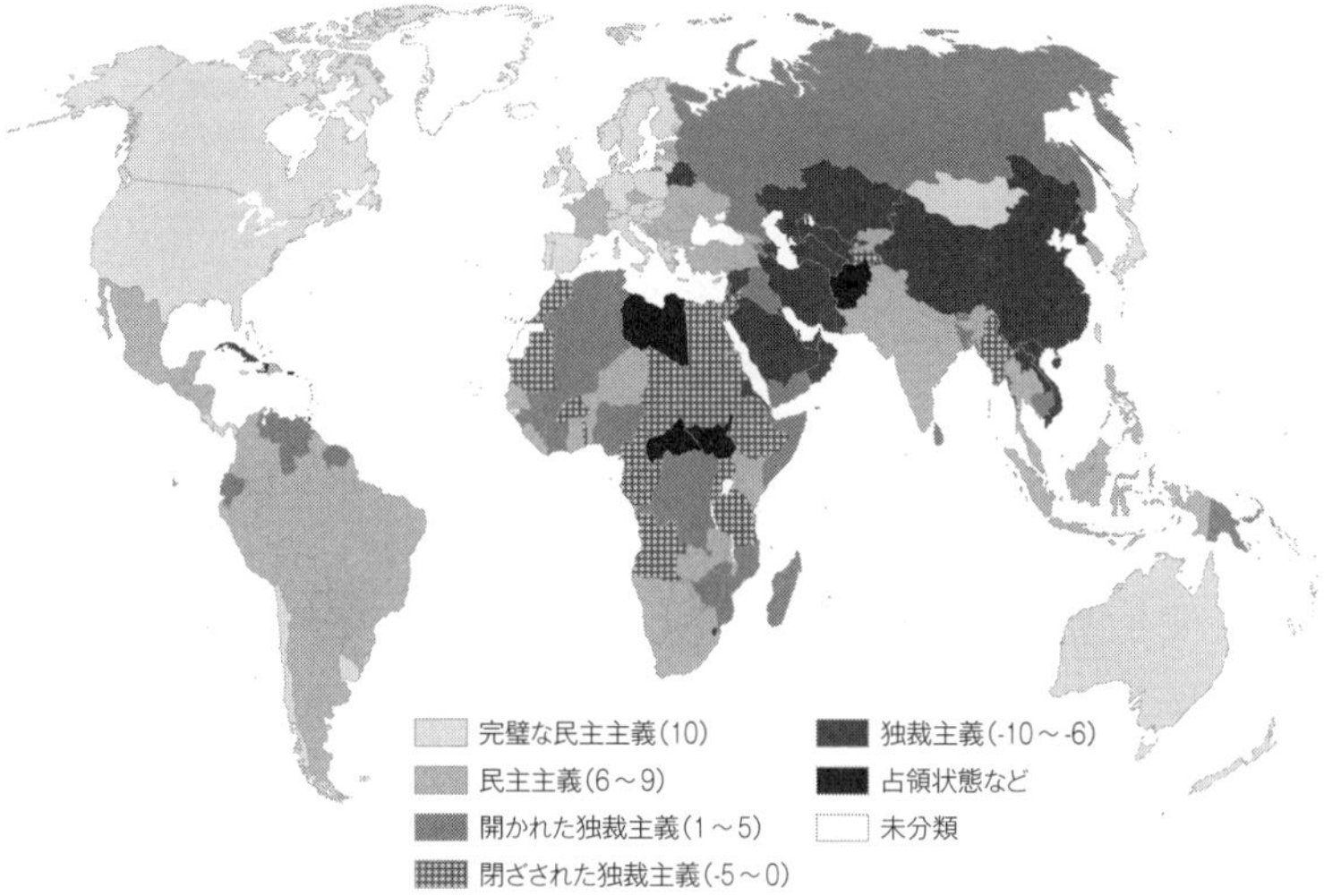

資料：Polity Ⅳ Project

さまざまな文献でしばしば引用されている。

　同データでは、民主化指数と独裁指数に対して、それぞれ0から10のポイントを与え、民主化指数から独裁指数を差し引いて「Polity Score（−《マイナス》10〜+10）」を計測している。民主化指数と独裁指数を計測するにあたっては、国のトップの開放・閉鎖度合、競争度や政治批判の許容度等がポイントとされる。

　見れば、ヨーロッパや北アメリカ、南アメリカには+9ポイント以上の国が多く、これらの地域では民主化が進んでいることがわかる。

図表26 自衛隊のスクランブル発進の回数と対象国の内訳

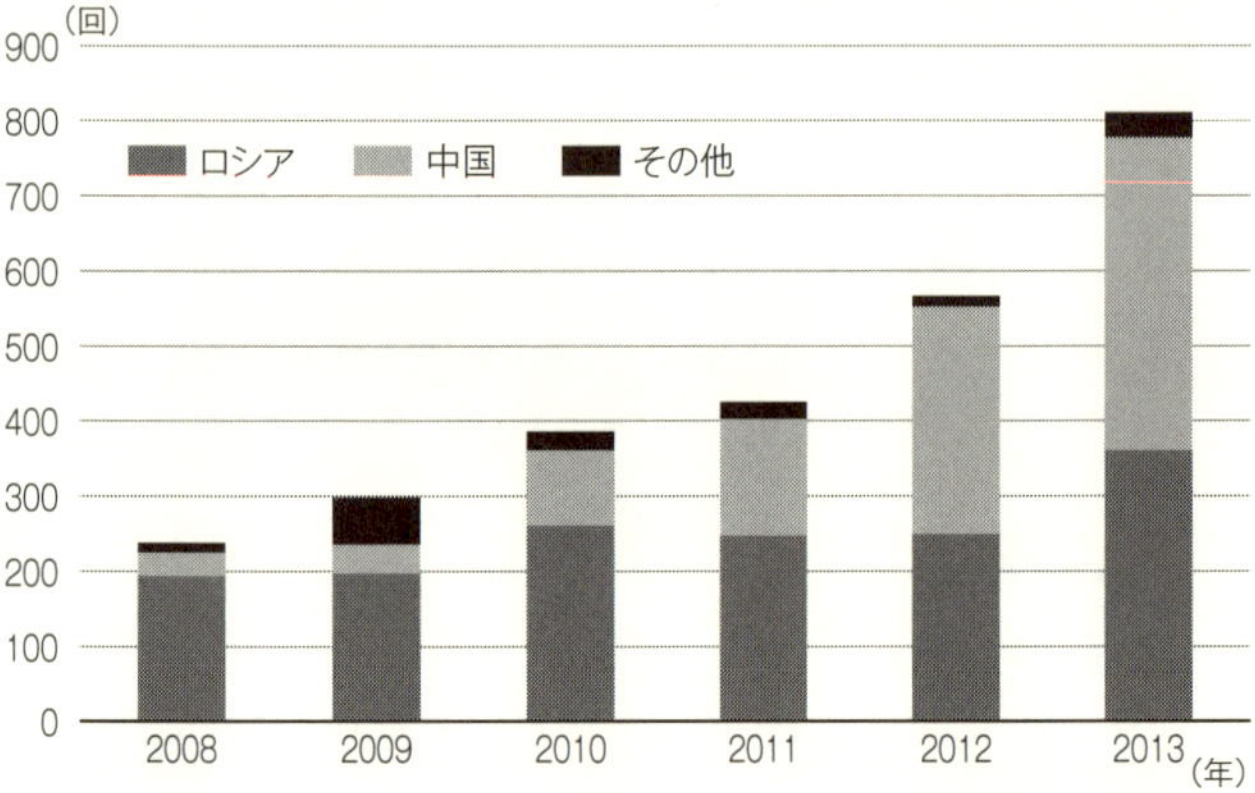

資料：平成26年度版防衛白書

アジアを見ると、日本のみが＋10ポイントだ。他には民主国家が少なく、あったとしても民主化指数はそれほど高くない。アジア、中東には独裁国家が多く、前述の民主的平和論で考えれば、これがアジアで多くの紛争や戦争が勃発している要因になっているのだ。

先般、水爆実験の実施を表明した北朝鮮の暴走も脅威だが、国力の規模や近年の動向を考えれば、不透明な軍拡を続ける中国の存在は、日本にとって、より無視できない大きな安全保障上の脅威と言えるだろう。

たとえば、中国機に対する自衛隊のスクランブル発進の回数は、近年急増している（**図表26**参照）。筆者が中国を特に危険視するのは、民主的平和論から考えても、充分すぎるほどの根拠がある。

周知のように、中国は第二次世界大戦後、一貫して民主国家ではなかった。中国の憲法の序文には、「国家は共産党の指導を仰ぐ」と記されており、党のほうが国家よりも憲法よりも立場が上になっている。

簡単に言えば、「共産党がすべて」という考え方であり、これは立憲主義ではない。

戦争のリスクを甘く見てはいけない

さらに、中国の憲法には日本のような平和憲法条項が存在しないうえ、中国の軍隊である中国人民解放軍は中国国民のものではなく、「共産党の軍隊」と明記されている。

しかも国家のリーダーが選挙によって選ばれないため、まさに独裁国家そのものである。日本から見れば(民主的平和論に照らせば)、中国のこの国家体制は戦争リスク以外の何ものでもなく、実際に中国はアジアのあちこちで紛争要因を作り出している。

そもそも中国は、第二次世界大戦後も他国と軍事衝突を何度も繰り返してきた経緯がある。現在も軍事衝突にこそ発展していないが、尖閣諸島の領有権をめぐって日本と対立しているし、南シナ海全域の領有権まで主張するなど、領土的関心を隠そうともしていない。

南シナ海は、中国、台湾、フィリピン、マレーシア、ブルネイ、インドネシア、ベトナムなどに囲まれた海域であり、もちろん中国だけの海ではない。にもかかわらず、中国はフィリピンやベトナム、マレーシアといった南シナ海沿岸の国々の海岸線の瀬戸際までを含む大部分の海域が自分たちの領海だと主張し、周辺海域の緊張を高めている。

「南シナ海のすべてが自分たちのものだ」という中国の主張は、日本周辺に置き換えれば、「日本海は中国のものだ」と言っているようなもので、周辺諸国にとっては迷惑千万な話である。

しかも、スプラトリー諸島（南沙諸島）の岩礁に人工島を建設するなど軍事的な威圧行動を繰り返しており、些細な行き違いで、局地的な軍事衝突が発生する可能性は充分に考えられる。

南シナ海の状況は、アジアの平和安定の観点からは懸念すべき事象であり、尖閣諸島の領有権をめぐって中国と対立している日本にとっても、対岸の火事とは言えない。

戦争リスクは、私たちの目と鼻の先に存在しているのである。

平和を実現することは可能なのか

日本はすでに集団的自衛権を行使していると見られている

２０１５年、第二次安倍政権の一丁目一番地の政策である、いわゆる「安保関連法」が国会で成立した。中身をご存じない読者もいるかもしれないので、この法律について簡単に説明しておこう。

安保法制は、「日本の平和・安全」と「国際社会の平和・安全」という2つの柱で構成されている。

日本の平和・安全では――、

（1）グレーゾーン事態への対応として、自衛隊法を改正し、武装集団の離島への上陸に対し迅速な対応ができるように、ミサイル発射の兆候で米艦が警戒中でも自衛隊の行動を可能にしている。

（2）重要影響事態への対応として、周辺事態法を改正し、日本に重要な影響を与える事態で、米軍を後方支援する。
（3）存立危機事態への対応として、集団的自衛権の限定行使をするため自衛隊法・武力攻撃事態法などを改正する。

一方、国際社会の平和・安全では――、

（4）国際平和協力として、PKO協力法を改正し、有志国による人道復興支援や治安維持活動などへの参加を可能とする。
（5）国際平和共同対処事態への対応として、国際平和支援法（国際平和のために戦う他国軍を後方支援する法律）を新たに作る。

これらの安保関連法の成立により、国民的な議論を巻き起こした「集団的自衛権」の限定行使が可能になった。それ以外にも、グレーゾーン事態への対応、周辺事態法等の改正、国際平和支援法の新規立法なども行われている。

集団的自衛権とは、簡単に言えば、同盟国が武力攻撃を受けた場合に、日本が直接攻撃を受けていなくても、自国への攻撃とみなして反撃できる権利のことだ。

日本への直接攻撃に対して反撃できる「個別的自衛権」の範囲を、同盟国や友好国にまで拡大したもので、国連憲章でも「国家固有の権利」として認められている。

実際の国連憲章を見ると、「この憲章のいかなる規定も、国際連合加盟国に対して武力攻撃が発生した場合には、安全保障理事会が国際の平和及び安全の維持に必要な措置をとるまでの間、個別的又は集団的自衛の固有の権利を害するものではない」と記されている。

つまり他国から武力攻撃を受けた場合、安全保障理事会が行動するまでの間、「個別的自衛権と集団的自衛権で何とか凌《しの》いでください」と言っているわけだ。

にもかかわらず、これまで日本政府は「わが国は集団的自衛権を保有しているが、行使はできない」という見解を示してきた。「権利はあるが行使できない」とは、考えてみればおかしな話である。一人ひとりの個人に置き換えれば、「選挙権は持っているけれど、投票は許されないんですよ」と言っているようなものだ。

政府は、戦争放棄などを定めた憲法9条との兼ね合いから、「国を防衛するための必要最小限の範囲を超える」と解釈して、集団的自衛権の行使を封じてきたのである。

マスコミや左派系の識者には、「日本もついに戦争ができる国になった」というニュアンスで、安保関連法の成立を「戦後日本の重大な転換点」ととらえる向きが多かったが、筆者にとっても、「日本もようやくまともな国になった」という意味で、同法の成立は日本の重大な転換点だったと言える。

なぜなら、集団的自衛権の行使は国際的には常識であり（だからこそ国連憲章でも認められている）、そもそも議論の対象にすらなっていないからだ。

国連軍が日本に駐留していることを知っているか

たとえば、日本にアメリカ軍が駐留していることは誰でも知っているが、国連軍が日本に駐留していることは意外に知られていない。アメリカ軍の横田空軍基地内に国連軍の後方司令部があり（前線司令部は韓国にある）、日本は、オーストラリア、カナダ、フランス、ニュージーランド、フィリピン、タイ、アメリカ、イギリスの8カ国と「国連軍地位協定」を締結している。

国連軍地位協定とは、在日国連軍とその兵士の扱いを定めた特別なルールである。日本に駐留する国連軍の軍人や家族などによる刑事事件について、日本側の優先的裁判権を容認しているほか、国連軍が飛行場や港湾など日本の施設を使用できる権限が定められている。日本国内の施設を使用できる地位協定を結んでいるのは、アメリカ軍と国連軍だけだ。

実際、横田基地には日本とアメリカの国旗とともに、国連旗も翻っている。横田基地の他、在日米軍基地のキャンプ座間、横須賀海軍基地、佐世保海軍基地、嘉手納空軍基地、ホワイト・ビーチ地区、普天間海兵隊基地が国連軍施設に指定されている。

国連軍のこの体制がいつできあがったかと言うと、1953年7月に朝鮮戦争が休戦となり、休戦協定が発効した翌1954年2月からである。朝鮮戦争は今も終結しておらず、国際法的には休戦状態にある。

つまり韓国と北朝鮮は一時的に休戦しているだけで、戦争状態にあることは変わらない。だからこそ、軍事衝突の再発に備えて国連軍が日本に駐留しているのである。

このように、日本はすでに、日本だけでなく東アジアの安全のために、一定の軍事的な貢献を果たしていることは、世界から見れば常識になっている。

これだけ国連軍に協力している日本が、国連憲章で認め、日米安全保障条約でも明記されている集団的自衛権を行使しないという論法が、国際社会で通用するはずがない。海外から見れば、日本は事実上、すでに集団的自衛権を行使していると見られているのだ。

実際、朝鮮戦争には海上保安庁が機雷掃海で参加しているうえ、ベトナム戦争では日本国内のアメリカ軍基地が後方基地として機能している。安保関連法の成立は、そうした国際社会の理解への国内法制のキャッチアップの過程にすぎないのである。

安保関連法が戦争リスクを減らすのは明らか

日ごろから、マスコミの報道や左派系識者の発言には驚かされることが多いが、中でも、「安保関連法案は戦争法案」という報道には、驚きを通り越して呆れ返ってしまった。

たとえば、テレビ朝日の『報道ステーション』でも、安保関連法があたかも戦争法であるとの前提で報道がなされていた。当時のメインキャスターは「平和安全法制という参院特別委員のネーミングが正しいのか、はなはだ疑問だ」などと述べ、安保関連法を戦争法と示唆しながら国会から中継しており、スタジオのコメンテーターもそれに同調していた。

その他のニュース番組や新聞も似たり寄ったりの論調であり、集団的自衛権の行使を容認することにより、「アメリカの戦争に巻き込まれて自衛隊が地球の裏側まで出かけていく」「日本の戦争リスクが高まる」という報道が大勢を占めていた。

安保関連法が日本を平和にするのか戦争に巻き込まれるのかといった議論は、そのときにならなければどちらに転ぶかわからない将来の話のため、どうしても思い込みや決めつけが色濃く出てしまうのだろう。

マスコミだけではない。たとえば、『SEALDs』という学生団体をはじめ、少なくない数の一般の人々も、国会議事堂前などで安保関連法案に反対する抗議活動を行っていた。

しかし、**安保関連法が戦争リスクを高めることは絶対にあり得ない**。筆者に言わせれば、マスコミや左派勢力が流布する「戦争法案説」は真っ赤なウソで、巷間でまことしやかにささやかれる「トンデモ理論」や「陰謀論」の類である。

第1部で説明した「財政破綻論」や「国債暴落説」と同類で、一昔前に流行《はや》った「アポロ11号は月へ行っていない説」「9・11はアメリカ合衆国政府の陰謀説」のようなものだ。

この本を手に取っている読者の中にも、マスコミ等のミスリードの影響を受けて、「日本の戦争リスクが高まった」と不安に感じている人がいるかもしれないが、断言しよう。集団的自衛権の行使容認は、日本の戦争リスクを高めるどころか、むしろ低下させるのである。その理由については、後ほど詳しく説明する。

前述の民主的平和論に照らせば、民主国家同士ではほとんど戦争が起こらず、そうでない場合は、戦争リスクが高まることになる。

日本の周囲にある非民主主義国家の代表格と言えば、やはり中国と北朝鮮である。

したがって、安保関連法に反対する勢力が心の底から平和を望んでいるのであれば、国会議事堂前などでプラカードを掲げて「戦争法案反対！」などと抗議するのではなく、中国や北朝鮮の民主化を声高に叫ぶほうが理に適っていたはずだが、そのような意見はなかなか聞こえてこなかった。筆者にしてみれば、不思議でならない。否、理解に苦しむと言ったほうが正しいだろう。

必要なことは、安保関連法に反対だと日本国内で強く主張するのではなく、中国の民主化に向けて努力することだ。あるいは、日本の憲法9条のような平和条項の制定を中国や北朝鮮に迫るべきなのである。

そのほうが、はるかに日本の安全保障につながるに違いない。

「選挙（民主主義）」を広めているAKB48はマスコミよりはるかに平和貢献している

日本の戦争リスクを減らすには、中国や北朝鮮を民主化することが望ましい。たとえば、中国の民主化を促すにはどうしたらいいのだろうか。

政治的手段を駆使して強引に「さっさと民主化しろ！」と迫る方法は、むしろ戦争を招きかねないため逆効果だ。穏便かつ効果的な方法は、中国の人々に民主主義の素晴らしさを理解してもらうよう働きかけることだ。

民主主義の根幹は何かと言えば、それは「選挙」である。つまり、選挙の魅力やメリットを、中国の人々に教えたり認知させたりすることがベストな方法ということになる。

たとえば、日本には「ＡＫＢ48」という女性アイドルグループがいる。筆者は彼女たちのことを詳しく知っているわけではないが、存在はもちろん知っている。読者の皆さんも同じだろう。ＡＫＢ48は筆者などよりはるかに知名度が高いし、もしかすると、政治に関心がない人の中には、日本の首相の氏名は知らなくても、ＡＫＢ48の全メンバーの名前は暗記しているという人もいるかもしれない。

ＡＫＢ48のことを知っていれば、「ＡＫＢ48選抜総選挙」というイベントが実施されていることも知っているだろう。この選抜総選挙、アイドルグループをめぐるたわいのない芸能イベントだとバカにしてはならない。

公職選挙と同じように、総選挙前には選挙ポスターが作成されるうえ、〝政見放送〟まで制作してインターネットなどにアップするという力の入れようなのである。

中国の人々に選挙（民主主義）をじんわりと広めるいちばんよい方法は、彼らの間でAKB48人気を高めるとともに、選抜総選挙の存在を知らしめることだ。具体的には、中国の若者に「AKB48のCDアルバムを買って、投票してみよう」と勧めるのがいいだろう。選抜総選挙のときに、中国投票枠を作ってみるのも一つの手だ。年配の中国人には理解されないかもしれないが、思考が柔軟な若者に、AKB48を通じて「選挙って、こんなに面白いんだぞ」とレクチャーするのである。

それに少しずつ馴染んでいけば、「なぜ、私たちの国には選挙がないのだろう」と疑問に思うようになり、草の根レベルで民主化に対する土壌が育まれることは充分に期待できる。最近、中国は自前のアイドルグループを誕生させて注目を集めているが、「選挙」を浸透させる可能性があるAKB48の進出を拒んでいるように見えなくもない。

民主主義の根幹たる選挙制度を中国の人々に知らしめることは、立派な平和貢献活動である。最近では、中国の若者の間でもAKB48の知名度が高まっているとも聞く。その意味で、「選抜総選挙」を広めているAKB48の活動のほうが、前述した『報道ステーション』や国会周辺で抗議活動を繰り広げていた人々よりも、はるかに平和貢献していると言えるだろう。『報道ステーション』に代表されるマスコミの行為は、戦争リスクに対して客観的な報道をいっさいせずに、日本の平和に貢献しなかった（むしろ日本の戦争リスクを高めようとした）という意味で、その責任は極めて重いと言わざるを得ない。

もっとも、選挙制度そのものが万能ではないことは筆者も認める。それは、かのアドルフ・ヒトラーも選挙によって選ばれたことを考えればよくわかる。

かつてのドイツのように、民主主義システムから独裁的なリーダーを誕生させてしまうことは稀にあるが、選挙を軸とした民主主義システムは、うまく機能しているケースのほうが圧倒的に多いのである。

平和のためには「軍事力」「民主主義」「貿易」が不可欠だ

現実的なことを言えば、中国の民主化はすぐに実現できる話ではない。実現したとしても、遠い未来のことになるだろう。それを踏まえたうえで、日本の戦争リスクを減らすにはどうすればいいのだろうか。

そこに登場してくるのが、実は「集団的自衛権」である。

実は、民主的平和論は国際関係論の一つの側面にすぎず、世界に平和をもたらす絶対的な解ではない。なぜなら、民主主義国家同士であっても戦争リスクはゼロにはならず、戦争になることが稀にあるからだ。

仮に明日、中国が民主国家に生まれ変わったとしても、確かに戦争が起こる確率は減るものの、リスクそのものがなくなるわけではない。民主的平和論だけで、世界から戦争を完全になくすことは難しいのである。

国際関係論の分野には、民主的平和論の他にも戦争を回避するためのさまざまな思想が存在する。

たとえば、強大な軍事力を持っていれば、他国から侵略される恐れがなくなるため、平和が維持できるという考え方がある。一方で、文化交流や経済交流を深化させることによって、軍事力に頼らなくても平和を実現できるという考え方もある。国際関係論では、この軍事力を重視する「バランス・オブ・パワー論」を根拠とするリアリズムと、「自由貿易」などの軍事力以外の要素を重視するリベラリズムが対立してきた経緯がある。

では、読者の皆さんは、どの考え方が正しいと思うだろうか。

答えは、「すべて正しい」である。

筆者がプリンストン大学で国際関係論を学んでいたまさにそのとき、アメリカで画期的な本が出版された。政治学者のブルース・ラセット氏（エール大学教授）とジョン・オニール氏（アラバマ大学教授）が共著で出版した*Triangulating Peace*（2001年）という本である。

筆者は、留学時代に同書に出会うことができて、本当に幸運だったと思っている。ラセット氏とオニール氏の2人は、著書の中で、それまで対立してきたリアリズムとリベラリズムの考え方を統合整理し、1886年から1992年までの戦争データについて、リアリズムとリベラリズムのすべての要素を取り入れて実証分析を行った。

その結果、リアリズムが重視する軍事力も、18世紀にカントが主張していた「カントの三角形」も、すべて戦争のリスクを減らすためには重要であるという結論を導き出した。もちろん、マイケル・ドイル氏の言う民主的平和論もそこに含まれている。

具体的には、リアリズムが重視してきた軍事力の面で言えば、①「同盟関係を持つこと」、②「相対的な軍事力」が重要とされた。一方のリベラリズムが重視してきたカントの三角形で言えば、③「民主主義の程度が増すこと」、④「経済的依存関係」、⑤「国際的組織への加入」が、それぞれ戦争を起こすリスクに関係があるとされたのだ。

細かい計算は省くが、具体的な数字で説明すると、**きちんとした同盟関係を結ぶことで**

40%、相対的な軍事力（防衛力）が一定割合増すことで36%、民主主義の程度が一定割合増すことで33%、経済的依存関係が一定割合増加することで43%、国際的組織への加入が一定割合増加することで24%、それぞれ戦争のリスクが減少するという（同書171ページ）。

この5つは、言わば「国際平和の5要件」である。

ラセット氏とオニール氏は、①の「同盟関係」について、同盟国同士はそもそも戦争しないうえ、非同盟国に対して大きな戦争抑止力が働くため、戦争のリスクを減らすとした。

②の「相対的な軍事力」は、非同盟国同士の場合、東西冷戦時に見られたような勢力均衡が平和をもたらすという考え方だ。では、勢力の均衡が崩れてしまえば戦争になるかと言えば、必ずしもそうではないという。

ラセット氏とオニール氏は、2国間の軍事力、国力の差があまりにも大きいと、強いほうの国が弱いほうの国を属国化するため、むしろ戦争になりにくいと分析している。

③の「民主主義の程度」については、これまでに繰り返し述べてきたとおりだ。両国ともに民主主義国だとめったに戦争をしないという意味で、カントの時代から論じられてきた古典的な民主的平和論になる。

一方の国が非民主主義国だと戦争のリスクは少しだけ高まり、双方ともに非民主主義国の場合、戦争のリスクはさらに高まると述べている。アジアでは、非民主主義国の中国とベトナムが何度も戦争をしているが、まさにこの例に当てはまると言えるだろう。

④の「経済的依存関係」とは、貿易などでお互いが経済的なメリットを享受し合っている状態のとき、戦争をすれば双方にとって大きなデメリットが生じるため、お互いに戦争を避けようとするという考え方だ。いわゆる「ブロック経済」による排他的な貿易が第二次世界大戦の原因の一つになっていることからも、この考えの重要性がわかる。

⑤の「国際的組織への加入」については、従来のリアリズムでは重要視されていなかったが、実証分析では充分に意味があるとされた。

いずれも説得力のある分析で、筆者は、この「国際平和の5要件」が、国際関係論のすべての思想を統一的にとらえた最終理論のように思えてならない。

要するに、国家の平和のためには、①～⑤までの要件を過不足なく考慮する必要があることになる。第二次世界大戦後、日本がなぜ70年以上も平和でいられたかと言えば、これらの諸要件をおおむね満たしていたからだ。

①については日米安保条約が存在したこと、③については一貫して民主主義国家だった

こと、④については経済主義を貫いて貿易で立国したこと、⑤については国際連合やIMF、WTOをはじめとする国際機関に大きく貢献したことなど、日本はまるで絵に描いたように平和理論を実践してきたのである。

②については言及しなかったが、実はこれこそが「集団的自衛権の行使容認」に強く関係してくる部分である。そのことについては後で説明する。

もちろん、「国際平和の5要件」を過不足なく満たしたとしても、戦争リスクが完全にゼロになるわけではない。しかし、まず間違いなくリスクを大きく減らすことができる。世の中には「リスクがゼロではないなら、やっぱり日本が戦争をする可能性があるじゃないか」と反論する人が出てくるかもしれないが、何よりもまずリスクを減らすことが重要なのである。

これは人間の健康のようなもので、どれだけ健康に気を遣っていても、病気のリスクがゼロにはならないのと同じだ。たとえば、喫煙者がタバコをやめればそれだけで健康を維持していくことができるかと言うと、そうではない。食生活も重要である。では、タバコをやめて食生活を改善すれば健康を維持できるかと言うと、それも違う。適度な運動も心がける必要があるだろう。「国際平和の5要件」もそれと同じで、さまざまな要素をバランスよく考慮して、それぞれを高いレベルで実践して機能させる必要があるのだ。

「そもそも論」で言ってしまえば、起こる確率があるからと言って、必ずしも起こるとは限らない。それは、サイコロを考えてみればわかる。サイコロを振って、100回連続（10回連続でも5回連続でも構わないが）で「6」の目が出る可能性は、確率としては存在する。しかし、現実的に起こる可能性は限りなくゼロに近い。なぜなら、「6」の目が連続して出ない確率のほうが圧倒的に高いからである。だからこそ、戦争になるリスクを減らすために、分母の数をできるだけ大きくする努力（「国際平和の5要件」をマックスに近づける努力）が必要なのである。

戦前の日本は平和のバランスが崩れていた

「国際平和の5要件」を過不足なく満たしていないと、戦争リスクが高まることはすでに述べた。このことは、太平洋戦争前の日本が置かれた状況を見ると、よくわかる。

戦前の日本は、「国際平和の5要件」のバランスが大きく崩れていたのである。

たとえば、①の「同盟関係を持つこと」については、同盟関係を結ぶ相手は、どこの国でもよいというわけではない。その時点で、最も力がある国と同盟を結ばなければ、意味をなさないのである。弱い国同士で同盟を結んだところで、単なる弱者連合が生まれるにすぎず、お互いに足を引っ張り合う可能性があるため、むしろ危険だ。

太平洋戦争時、日本はドイツ、イタリアと「日独伊三国同盟」を結んでいたが、言うまでもなく、ドイツとイタリアは当時の最強国家ではなかったがゆえに、同盟としての意味をなさなかった。だからこそ、戦後の日本は最強国家であるアメリカと同盟を結んだのだ。

②の「相対的な軍事力」については、太平洋戦争時の日本の軍事力は、貧弱だったとは言えない。むしろ強力な部類に属していたと言っていいかもしれない。

しかし、アメリカと比較すると、雲泥の差があった。国力を測るモノサシはいろいろあるが、たとえば、潜在的軍事力との関係性が高いと言われる工業生産高の世界シェア（1937年当時）では、日本はアメリカのわずか10分の1にすぎなかった。

前述のラセット氏とオニール氏が指摘しているように、2国間の軍事力や国力に差がありすぎると、むしろ戦争になりにくい。戦っても勝ち目がないことがわかっているため、そもそも弱者が強者に戦いを挑むことはあり得ない選択だからだ。

これは、人間同士の関係に置き換えて考えてみるとわかりやすい。

たとえば、ごく普通の一般の市民が、ボクシングの世界王者（マイク・タイソン氏でも井上尚弥選手でも誰でもいい）にケンカを売るようなバカな真似をするだろうか。どれだけ腕っぷしに自信があったとしても、しょせんは素人だ。世界王者の身体に触れることすらできず、一方的に打ちのめされるだけであろうことは容易に想像できる。不意を衝けば一撃を喰らわせることは可能かもしれないが、勝ち目がないことに変わりはない。

男性と女性の関係にも同じことが言える。こういう言い方をすると女性はあまりいい気持ちがしないかもしれないが、女性は、男性に比べて腕力が劣っている。そのため、女性は決して男性に殴り合いを挑まない。勝ち目がないことがわかっているからだ。

人間関係の場合、国家間の関係でしばしば見られるように、弱いからと言って隷属化することはないが（そういうケースもあるかもしれないが）、いずれにせよ、力の差が歴然としていればケンカになりにくいという構図は、国家間の場合と共通しているのだ。

にもかかわらず、日本はアメリカと戦争をした。それも局地的な小競り合いではなく、全面戦争だ。

なぜ日本がそのような愚を犯したのかと言えば、答えは簡単だ。合理的・理性的な判断が下せなかったからだ。

負けるとわかっているのに戦争をするのは、まったく以て非合理的である。

前述の例で言えば、相手がボクシングの世界王者であることを知らなかった場合、一般の素人がケンカを売る可能性はある（自分の拳が凶器であることを知っている世界王者は、そもそもケンカを買わないだろうが）。

しかし、戦前の日本にこのケースは当てはまらない。日本の政権中枢や軍部は、日本とアメリカの国力に歴然とした差があることを知っていたからだ。

当時の大日本帝国政府は、真珠湾攻撃の約1年前に「総力戦研究所」という調査研究機関を設置し、日本とアメリカが開戦した場合の戦局推移をシミュレーションしている。その結論は、「緒戦では勝利するが長期戦必至で、日本は国力負担に耐えられず敗戦に至る。ゆえに戦争は不可能」というものだった。負けるとわかっていて戦争に踏み切った思惑は推測するしかないが、おそらく「緒戦で勝利し、頃合いを見計らって和平の道を探ろう」といった、願望に近い希望的観測によるものだったのだろう。

しかし、その考えはあまりにも都合がよすぎる自分勝手な願望（祈り、と言い換えてもいいかもしれない）で、仕掛けられた側のアメリカが許してくれるはずもない。

結果、日本は緒戦では勝利を収めたが、アメリカに長期戦に持ち込まれて惨敗した。戦局は、「総力戦研究所」のシミュレーションどおりに推移したのである。

戦力的に優位に立っている側が長期戦に持ち込もうとするのは軍事戦略の常套手段で、そのことは模擬戦争ゲームである「将棋」を見ればわかる。

将棋の世界には、「駒得《こまどく》」という言葉がある。駒得とは、相手より戦力的に優位に立つことを意味する。たとえば、最強の駒である「飛車」を何の代償もなく相手からタダで手に入れることができれば、使える飛車が2枚になる。それが、「駒得」だ。

プロ棋士の対局では、駒得をした棋士は、戦いをできるだけ長引かせようとするのが定跡である。戦力に大きな差が生じているため、時間が経てば経つほど自分が有利になることがわかっているからだ。

一方で、駒損《こまぞん》をした棋士は、局面が落ち着いてしまうと戦力差で圧倒されて勝ち目がなくなるため、戦線の拡大を目論んで局所戦で少しずつ駒損を挽回しようとするか、無理攻めなどの超急戦を挑んで一発逆転を狙うしか手がなくなる。

太平洋戦争時の日本の戦略は、まさにその典型だったと言えるだろう。

③の「民主主義の程度」については、太平洋戦争時の日本は民主主義国家だったが、「立憲君主制」に基づいていたため、現在と比較すると、はるかにその程度は低かったと言えるだろう。

④の「経済的依存関係」については、当時の日本の最大貿易相手国はアメリカだった。この点は、戦争リスクの低下につながる要素だ。

⑤の「国際的組織への加入」については、日本は常任理事国として「国際連盟」に貢献していたが、開戦8年前の1933年（正式発効は1935年）に脱退している。

戦争リスクの低減に寄与する要因と言えば、②の「相対的な軍事力」と④の「経済的依存関係」のみで、**「国際平和の5要件」のバランスが大きく崩れていたため、日本はアメリカとの戦争に突入してしまった**のである。

そもそも集団的自衛権とは何か

集団的自衛権を行使しないと戦争リスクは高まる

これまでの話を踏まえて、マスコミをはじめとする反対勢力の主張を考えてみよう。

まず、集団的自衛権の行使容認が、前述した「国際平和の5要件」のどれに該当するかと言えば、①の「同盟関係を持つこと」である。

なぜなら、集団的自衛権を行使しないことは、同盟関係を毀損《きそん》することと同じだからだ。

ここが、日本で大きく誤解されている点である。

もし国家が属国化を望まず、なおかつ自国の軍事力を抑制したい（＝相対的な軍事力を高めない）のであれば、①の同盟関係とカントの三角形の③〜⑤をすべて考慮して、それぞれを高いレベルで機能させなければならない。

カントの三角形だけで、①の同盟関係を代替することはできないのである。

しかも、非民主主義国が相手の場合には、もともとカントの三角形のバランスが大きく崩れているため、①の同盟関係にかかる比重は、ことさら大きくならざるを得ない。

仮に①の「同盟関係を持つこと」をあきらめて、防衛力をすべて自前で賄ったとしよう（＝相対的な軍事力を高める）。それには膨大なコストが必要になることは想像に難くないうえ、日本人が毛嫌いしている「核武装論」も現実味を帯びてくるはずだ。

コストについてはさまざまな試算があるが、少なくとも25兆円程度は必要になると言われている。これについては、防衛大学校教授の武田康裕氏と武藤功氏による『コストを試算！　日米同盟解体　国を守るのに、いくらかかるのか』（毎日新聞社）という本が参考になる。同書では、日米同盟のコストは1・7兆円、自主防衛のコストは24兆～25・5兆円と見積もられているが、これは説得力のある数字と言えよう。**現在の在日米軍をすべて自衛隊に置き換えたとしたら、おそらく25兆円程度の防衛予算と日本経済の損失に備えるコストが必要になる**はずだ。

現在の日本の防衛予算は約5兆円（日米同盟のコストの1・7兆円を含めれば計6・7兆円）だが、もし25兆円規模の予算が必要となれば、待っているのは「大増税」である。

財務省は歓迎するかもしれないが、増税による経済への影響は甚大なものとなり、日本経済は奈落の底へ落ちるだろう。つまり、アメリカと同盟関係を結んでいたほうが、はる

図表27　第二次世界大戦後にアメリカが関与した戦争

名称	交戦勢力1	交戦勢力2
朝鮮戦争	アメリカ、カナダ、コロンビア、イギリス、オランダ、ベルギー、フランス、ギリシャ、エチオピア、トルコ、フィリピン、韓国、タイ、オーストラリア	中国、北朝鮮
ベトナム戦争	アメリカ、韓国、タイ、カンボジア、南ベトナム、フィリピン、オーストラリア	北ベトナム
ラオス内戦	アメリカ、タイ、ラオス	北ベトナム
カンボジア作戦	アメリカ、カンボジア、南ベトナム	北ベトナム
湾岸戦争	アメリカ、カナダ、イギリス、フランス、イタリア、モロッコ、エジプト、シリア、クウェート、カタール、サウジアラビア、UAE、オマーン	イラク
コソボ紛争	アメリカ、イギリス、オランダ、フランス、ドイツ、イタリア、トルコ	ユーゴスラビア
アフガニスタン戦争	アメリカ、カナダ、イギリス、フランス、オーストラリア	アフガニスタン
イラク戦争	アメリカ、イギリス、オーストラリア	イラク

資料：The Correlates of War Project

かにコストパフォーマンスが高いのだ。

また、マスコミは集団的自衛権の行使容認により、「アメリカをはじめとする他国の戦争に巻き込まれる」「自衛隊が地球の裏側まで出かけていくようになる」と報道していた。「第二次世界大戦後に起きた紛争や軍事介入の多くは、集団的自衛権の行使を口実に使われることが多かった」というロジックに基づく主張だ。

しかし、この点は、戦後にアメリカが関与した戦争を分析すると、否定できることがわかる。**図表27**を見てみよう。

確かに、アメリカが行った戦争には複数の国々が参加している——すなわち、アメリカは一国だけではなく、同盟国とともに戦っていることがわかる。

しかし、その場合、充分な戦力投射能力を持つイギリスとフランスが主なパートナーで、それ以外の参加国は、どこもその地域に近接した国ばかりである。

たとえば、ドイツは湾岸戦争には参戦せずに、コソボ紛争には参戦した。朝鮮戦争には、日本の海上保安庁は機雷掃海で参加しているため、参加国リストに載っていても不思議ではないが、いずれにしろ、参加するとしても、しょせんは後方支援程度である。ゆえに、もし中東などで大規模な戦争が勃発して、アメリカが介入したとしても、日本の自衛隊がそれに参加することは考えられない。

仮にアメリカと中国（ロシアでも構わない）が戦争になったとして、アメリカ軍が自衛隊に軍事的支援を求めた場合、参戦の是非は時の政府による政策判断になるが、そもそも戦争に関して、アメリカが日本に本格的な支援を要請してくる可能性はほとんどない。

もともと日本の防衛費にはＧＤＰの１％以内という事実上の枠が設けられていたため、自衛隊は充分な戦力投射能力を持っておらず、戦争に参加してもほとんど役に立てないからだ。むしろ、アメリカ軍の足を引っ張る存在になりかねない。それが現実であり、軍事行動に関してアメリカから何かを期待されることはまず考えられないのだ。

貢献できるとすれば、朝鮮戦争時のような機雷掃海程度の役割がせいぜいだろう。アメリカの戦術論から見て、攻撃能力に欠ける日本をパートナーに選ぶことは考えられない。

いずれにせよ、アメリカが単独ではなく複数の国々とともに戦争してきたという事実は、日本にとって大きな戦争抑止力として期待できる。

軍事介入のケースではなく、アメリカとすでに同盟条約を結んでいた国が第三国から侵略された例は、旧南ベトナムのみだからだ。しかもこの場合、侵略してきたのは旧北ベトナムであり、これはとても第三国とは言いがたいだろう。

このように集団的自衛権には大きな戦争抑止力があるため、自ら仕掛けていかないかぎり、戦争に巻き込まれる可能性が低くなるというのが国際的な常識である。

むしろ歴史を振り返ると、多数国の判断で行使することが多い集団的自衛権に対して、個別的自衛権は一国のみで判断して行使するため、より危険であると考えられている。このために第二次世界大戦後、敗戦国であるドイツ（旧西ドイツ）は個別的自衛権が認められず、NATO（北大西洋条約機構）の下での集団的自衛権しか認められなかったという経緯があるほどだ。

要約すると、**集団的自衛権の行使のメリットは、個別的自衛権に比べて、①抑止力が強いため戦争に巻き込まれるリスクが減ること、②安全保障コストが安いこと、③侵略戦争のブレーキになり得ること、**の3つになる。

「自衛隊の海外活動が増えるので、戦争リスクは増す」というマスコミの主張は単純な思い込みであり、日米同盟の関係強化による「抑止力の向上」という要素を無視した議論である。「戦争を仕掛けられない」という観点を含めて考えれば、集団的自衛権の行使容認が戦争リスクを高めるとは言えず、むしろ低下につながるのだ。

中国を見くびってはいけない

ここまで読み進めてきて、読者の皆さんにも、集団的自衛権の行使容認には充分なメリットがあり、日本の戦争リスクの低下につながることがわかったはずだ。むしろ集団的自衛権を否定する国は、イデオロギーを共有する同盟国や友好国から見捨てられてしまい、かえって戦争に巻き込まれる可能性が高くなる。

しかし、中には「なぜ今同盟を強化する必要があるのか。従来どおりの日米安保ではダメなのか」と疑問に思った人もいるかもしれない。

理由は単純だ。日本を取り巻く安全保障環境が大きく変わりつつあるからである。その最大の要因は、やはり中国だ。近年、中国は日本の安全に対する脅威として圧倒的な存在感を示し始めており、その中国に、日本が単独で対抗し得るかと言えば、それは難しい。

さらに言えば、アメリカのいわゆる「世界の警察」戦略が「引き気味」になってきていることも大きく影響している。それによって、極東アジアにおけるアメリカと中国の軍事バランスが崩れる可能性が現実のものとして想定されるようになってきた。

だからこそ、**アメリカとの同盟関係を強化し、タッグを組んで中国の脅威に対抗する必要がある**のである。

実際に、アメリカのオバマ大統領は2013年9月10日のテレビ演説で、「アメリカはもはや世界の警察官ではない」と語った。中国が南シナ海で攻勢を強め始めたのは、その直後からである。これは、中国が「自分たちが南シナ海に手を出しても、アメリカは軍事行動に出ないだろう」と高を括《くく》ったからだ。

警察官はこちらが見返りを提供しなくても助けてくれるものだ。オバマ大統領の「世界の警察官ではない」という発言のウラには、「集団的自衛権をお互いに行使し合うのであれば、同盟国に限って助けますよ」という意味が隠されている。つまり、見返りを求めているのである。

中国は日本の集団的自衛権の行使容認に反対していたが、これは中国の国益から考えれば当然のことである。もし集団的自衛権の行使を日本政府があきらめたとしたら、日米安保条約が実効的でないと白状したようなものと受け止めるだろう。これは同盟の弱体化であり、国際関係論で考えれば、戦争リスクの増大を意味する。中国がそれに乗じて東シナ海（尖閣諸島）で圧力を強めてこないとは言い切れない。中国はこれまで多くの戦争をしてきている非民主主義国であることを忘れてはならない。

南シナ海の状況を見れば一目瞭然だが、中国が岩礁の埋め立てを進めているスプラトリー諸島（南沙諸島）は、南シナ海南部に位置する島や岩礁、砂州からなる地域だ。島と言っても極めて小さく、一般に人が居住できる環境ではない。

しかし、この場所は海洋資源の宝庫であるほか、軍事的な要衝にもなっているため、中国、台湾、ベトナム、フィリピン、マレーシア、ブルネイが領有権を主張している。

中国は、この地域に後発で入ってきた。現在、特に問題になっているのは、スプラトリー諸島のファイアリー・クロス礁である。ここは、1988年に中国がベトナムから武力奪取した。そこに3000メートル級の滑走路などを建設しており、今ではスプラトリー諸島で最大級の面積を誇るまでになっている。

また、スプラトリー諸島のミスチーフ礁は1995年から中国が占拠しているが、これは1991年に、アメリカ軍がスービック海軍基地をフィリピンに返還し撤退していったのを見て奪取し、建築物を構築して実効支配に及んだものだ。なお、中国はその行動について、「自国の漁師の保護」を建前にしていた。

いずれのケースも、ベトナムやフィリピンなどの国々がアメリカと安全保障条約を結んでいない、あるいは事実上、同盟関係が形骸化（弱体化）している状況が、中国の進出を許している。

そもそも国際社会とは「パワー」と「パワー」のぶつかり合いであり、一方が力を緩めると、もう一方が伸長してきて必ず争いが生じるものだが、南シナ海の状況はまさにその典型である。東シナ海（尖閣諸島）で、同じことが起こらないという保証はまったくない。

識者の中には、「貿易依存度を高めることで戦争リスクを減らせるなら、安保関連法案ではなく、対中貿易を促進すればいいじゃないか」という意見を述べる人もいる。

こういう主張の人は、「国際平和の5要件」における④の「経済的依存関係」だけに焦点を当てている。もちろん筆者は、「経済的依存関係」を否定するわけではないが、何も①の「同盟関係を持つこと」を否定することはない。同時に実践すればそれだけ戦争リスクが減るわけだから、できることはすべて実施すればいいのである。

中には、「日本に対する脅威は昔から存在した。たとえば、冷戦時の旧ソ連がそうだ。それなのに、冷戦時に集団的自衛権の行使を容認しなかったのはなぜか」と考える人もいるかもしれない。

理由の一つとして、当時のアメリカが日本の再軍備を恐れていたことが挙げられる。「集団的自衛権を持っているが行使しない」という日本政府のいびつな見解は、世界から見るとバカげているが、何より日本の無力化を図りたかった当時のアメリカにとっては、そのほうが好都合だったわけだ。

しかし、現在はそんなことを言っていられる状況ではない。

また、旧ソ連の脅威について言えば、もちろんアメリカからガッチリ守られていたことが大きく影響しているが、他にも、日本は「ラッキー」だったという側面もある。

確かに旧ソ連（以下、便宜上ロシアと表記する）は日本の安全保障上の脅威であり、実際に、自衛隊によるスクランブル発進の回数は、かつてはロシア機に対するものが大多数を占めていた。

ロシアの領土は広大で、その面積は世界一だ。しかし、ロシアの主要部はいずれもヨーロッパ側の西部に集中しており、極東ロシアには大都市がなかった。これは現在でも変わらない。極端な言い方をすれば、ロシア東部は、人が住んでいない非発展地域が大半を占めている。

歴史的に見ると、ロシアは年間を通して凍結することがない港「不凍港」を求めて他国への侵攻（南下政策と呼ばれる）を繰り返してきた経緯がある。ロシアが不凍港を求めるとすれば、候補地は極東地域かクリミアしか考えられない。もし、ロシアの首都がモスクワではなく東部のシベリアの位置にあれば、ロシアの南下政策は、日本を含む極東方面に集中していたはずである。しかし、幸いにしてモスクワはヨーロッパ側にあった。

このように、ロシアの意識が主にヨーロッパ方面に向けられていたという意味で、日本は「ラッキー」だったのである。ヨーロッパの人々にとっては気の毒な話だが、ロシアの発展部が西部に集中していたおかげで、日本に対するロシアの脅威はいくらか低くなっていたということが言えるのである。

一方で、中国の主要部がどこに位置しているかと言えば、西部の成都や昆明、西安などではなく、東部の北京や上海だ。つまり、日本側の地域に集中している。ロシアとは事情が異なることを考慮しておかなければならない。

トランプ大統領の誕生は日本にどう影響するか

アメリカ大統領選挙で、ドナルド・トランプ氏が共和党候補になることが事実上、確定した。あれだけ泡沫候補と言われ続けていたにもかかわらず、である。

現時点では、共和党指導者の中にもトランプ氏を拒否する者もいるだろうが、何しろ他に候補者がいない。

トランプ氏は共和党候補としては異例ずくめの人物であり、暴言もすさまじい。

「すべてのイスラム教徒のアメリカ入国を拒否すべきだ」

「メキシコは問題のある人間を（米国に）送り込んでいる。彼らは強姦犯だ」

「メキシコ国境に万里の長城を作る」

「移民なんかくそくらえ」

「世界同時株安は中国、お前らのせいだ！」

テレビのエンターテインメントがかすんで見えるくらいに、その発言は刺激的であり、暴言の度合いにおいて匹敵する人物を、日本で探してもちょっと思いつかないくらいである。

ちょっと古い記憶であるが、トランプ氏が米大統領の共和党候補になるのは、政界の暴れん坊で「ハマコー」と言われた故浜田幸一氏が首相になるかどうかというほどの、あり得ない話であったはずだ。

その発言を見ていくと、外交面での考え方は従来の米国とは一線を画するもので、いわゆる「孤立主義」である。

とはいえ、もともとアメリカは、第二次世界大戦前まで「モンロー主義」に代表されるように、アメリカ以外の国には不干渉を原則とする孤立主義だった。

それが日本の参戦と第二次世界大戦後の冷戦を機に、アメリカは世界中のあらゆる問題に首をつっ込む「覇権主義」に転換したのである。

しかしながらオバマ政権では、「アメリカはもはや世界の警察官ではない」などと、「孤立主義」への回帰が見られた。これにより、オバマ政権は「弱腰外交」という批判を招き、シリア問題、中国問題、ウクライナ問題などで中国やロシアの覇権の台頭を許し、世界平和を不安定にしたと言われている。

そこで、共和党としてはオバマ政権に代わってアメリカの覇権をしっかり主張できる候補者選びをしていたが、よりによって、そうした指導者層の思惑とは真逆のトランプ氏が候補者指名争いを勝ち抜いたのは、何とも皮肉な状況だ（現在のアメリカの迷走ぶりが見て取れる）。

トランプ氏の主張は、共和党の伝統的なそれとは真逆のことが多い。

また、かつて民主党側に多額の寄付をしていたこともあり、政治的なスタンスはどちらであるのか判別しにくいのも事実だ。

ちなみに、トランプ氏とクリントン夫妻はいい関係であることも知られている。トランプ氏はクリントン夫妻に寄付し、クリントン夫妻はトランプ氏の結婚式に出席した過去もあるほどだ。

こうしたこともあり、1年ほど前には「トランプ氏の米大統領選への出馬は、共和党内を混乱させてヒラリー・クリントン氏を有利にするためのものだ」という観測もあったほどである。

ところで、トランプ氏の言動がどんなに酷くても、米国大統領になる可能性が充分に出てきた以上、日本としても対応を考えておくべきである。

まして、過去にクリントン夫妻はトランプ氏に金を無心したことがあるらしく、彼はヒラリー氏の金銭的な弱点をつかんでいる可能性がある。

もしそれが事実であり、大統領選挙本戦の終盤にトランプ氏がその秘密兵器を持ち出した場合、彼が大統領に選ばれるかもしれないのだ。


ここではついでに、トランプ氏の経済政策が世界に与える影響について考えてみよう。

トランプ氏はＴＰＰに反対で、日本からの輸入自動車に高額関税を課せと言う。

これは従来の自由貿易主義を主張するアメリカ、特に共和党とはまったく異なる政策である。これに感化されたのか、本来ＴＰＰ推進派であったはずのヒラリー氏までＴＰＰ反対を言い出す始末だ。

筆者は、ＴＰＰの交渉参加には無条件に賛成で、交渉結果を見て最終判断すればいいという立場だ。これまでの交渉結果は、アメリカから見れば不本意であっても、日本から見れば合格点である。

とはいえ、アメリカが賛成しなければ、ＴＰＰは成り立たない。アメリカが交渉結果についてい不満でＴＰＰから降りると言うのであれば、日本にとっては残念としか言いようがないのである。

財政政策については、トランプ氏は必ずしも緊縮派ではない。これも、従来の共和党とまったく異なる点だ。歳入面で主張するのは、所得税減税、一部富裕層増税、法人税引き下げ、歳出面ではオバマケア廃止（これは結果として財政赤字拡大になる）、インフラ投資と、まるで民主党の政策のようである。

財政再建についてはほとんど言及しないばかりか、債務を解消するという公約を撤回しており、低金利を歓迎する意向を示している。そして、今のイエレンＦＲＢ議長のことを「よくやっている」と評価しながら、交代を示唆している。自分と政策を共有できる人物を、次期ＦＲＢ議長に据えたいと考えているようだ。

このままイエレンＦＲＢ議長が続投するようであれば、インフレ率はせいぜい2％どまりになるだろう。そのうちに利上げになるはずだが、トランプ氏はもっと低金利の継続を狙っているように筆者には思える。

また、最近のトランプ氏の発言を聞いていると、いよいよ「ヘリコプターマネー」を言い出すのではないかと考えている。

ヘリコプターマネーのもともとの意味は、中央銀行が紙幣を刷ってヘリコプターから人々にばらまくというものだ。ただし、実際にこれを行うことは難しく、「いつどこにヘリコプターが来るのか教えてほしい」というジョークすらあるほどだ。

現在のように中央銀行と政府が役割分担している世界では、中央銀行が新発国債を直接引き受けることで、財政赤字を直接賄うことをヘリコプターマネーと言うことが多い。

このアイデアはかつてノーベル経済学賞受賞者のミルトン・フリードマン氏によって論じられ、2003年にベン・バーナンキ氏（当時FRB理事、その後FRB議長）によって再び取り上げられたものである。バーナンキ氏のそれは名目金利ゼロに直面していた日本経済の再生アドバイスであったが、具体的な手法として、国民への給付金の支給、あるいは企業に対する減税を国債発行で賄い、同時に中央銀行がその国債を買い入れることを提案していた。

中央銀行が国債を買い入れると、紙幣が発行されるので、中央銀行と政府のそれぞれの行動を合わせてみれば、中央銀行の発行した紙幣が、給付金や減税を通じて国民や企業にばらまかれていることになる。その意味で、バーナンキ氏の日本経済に対する提案はヘリコプターマネーというわけだ。

なお、この提案は、ノーベル経済学賞受賞者のスティグリッツ氏が主張した政府紙幣発行によって給付金・減税を行うものと本質的には同じである。

現在、各国で行われている量的緩和は、財政政策と同時であれば、その経済的な効果はヘリコプターマネーと同じである。

いずれにしても、トランプ氏の経済政策は、積極財政、金融緩和であれば、当初アベノミクスが目指していたものと同じである。安倍政権では、民主党時代に仕組まれた消費増税を実施したので、積極財政が後退してアベノミクスが変質してしまったが、ひょっとしたらそのことをトランプ氏の周辺は研究しているのかもしれない。

トランプ氏が積極財政と金融緩和を行うつもりであれば、「中国の人民元、日本の円などが不当に安いのはけしからん」という主張と整合する。アメリカが金融緩和をすれば、ドルは安くなって、結果として人民元や円は強くなるからだ。

となれば、日本はインフレ目標が許す範囲で金融緩和しないと、「刷り負け」になる可能性がある。仮に各国で金融緩和競争があっても、それぞれにインフレ目標があれば、通貨安競争にはならない。こうした意味で、トランプ氏の積極財政、金融緩和は世界経済にとってはそれほどまずいことにはならないと筆者は考えている。

トランプ氏の政策、対外面での孤立主義は世界平和にとって害悪であるが、経済政策における積極財政・金融緩和は意外といい政策で、民主党のお株を奪うのではないだろうか。日本もアメリカの金融緩和に備えておいたほうがいいことは言うまでもない。

北朝鮮の暴走はなぜ止まらないのか

アメリカ大統領選において、トランプ氏の対抗馬である民主党のヒラリー・クリントン氏は、弱腰とも取れるオバマ氏の態度に批判的だったことから、もしヒラリー氏が大統領に就任すれば、ロシアや中国の攻勢も少しは収まるだろうが、もしトランプ氏が大統領に選ばれたら、ロシアや中国の対外攻勢はさらに加速するだろう。

その影響を最も受けるのは、日本と韓国だ。第二次世界大戦以降の紛争地を見ると、アジアと中東が圧倒的に多いことは前述したとおりだ。特に、中国と北朝鮮は戦争リスクについて充分に警戒すべき国だとも述べた。中国の近年の動向はすでにお伝えしたが、もちろん北朝鮮も脅威である。北朝鮮の軍事的示威行動は、中国のそれを上回るレベルだ。

2016年1月、北朝鮮は「水爆」と称する核実験の実施を表明した。翌2月には、「人工衛星の打ち上げ」と称して、長距離弾道ミサイルを南に向けて発射した。

これらに対して、国際社会からは非難囂々《ひなんごうごう》である。ミサイル発射は、明確に第2094

号をはじめとする国連安保理決議および「日朝平壌宣言」に違反するものだ。

しかも2月のミサイル発射は、1月の核実験に対する国際的な制裁措置すら決まっていない段階での行動であり、暴挙としか言いようがない。

もっとも、北朝鮮には北朝鮮なりの理屈があるのだろう。もともと北朝鮮は、国内事情と独特の国際情勢観から、独自路線を歩んできた。これは邪推だが、「どうせ核実験で制裁を受けるのであれば、ついでにミサイルも発射してしまえ。そうすれば、2回の制裁措置が1回で済む」といった考えを持っていたのではないだろうか。

北朝鮮からすれば、若く実績のない金正恩《キムジョンウン》氏の求心力と権威を高めるために、自分たちにできることをやっているだけだろう。このことは、もしかすると側近の大量粛清だけでは体制維持ができなくなりつつあることを示している可能性がある。

体制の維持には、一定の経済力が必要だ。中国経済の景気後退の影響で、北朝鮮経済は深刻なダメージを被っていることが予想される。対中輸出依存度が25％程度の韓国でさえ、2015年の輸出額は対前年比6％程度も減少している。**対中輸出依存度が70％以上と言われる北朝鮮は、中国経済の低迷の影響をモロに受けている**に違いない。

北朝鮮のGDPは謎に包まれているが、400億ドル程度（4兆4000億円程度）とされており、一人当たりGDPは2000ドルにも達しない最貧国である。人口は約2300万人で、そのうちの5％、つまり約120万人が軍人である。

これを日本に当てはめて考えると、自衛隊員を600万人も抱えている計算になる。その経済的な負担は、あまりにも大きい。

そうした状況のため、核開発は軍事予算を縮小する目的で実施していることが考えられる。通常兵器の能力維持と人員の確保には莫大な軍事予算が必要になることから、比較的、安上がりな核兵器に特化しようとしているのだろう。

それ以外に、金正恩氏を核開発に駆り立てている動機は、**「核さえ持っていれば、アメリカから攻撃されることはない」という過信**である。これには、リビアの例が影響を与えていることは間違いない。

2003年、リビアは英米との交渉を経て、核兵器の開発を認めたうえで核廃棄に踏み切ったにもかかわらず、2011年のリビア内戦に国連軍が介入して、カダフィ大佐が殺害された。このことについて、金正恩氏は「カダフィは核を放棄したから殺害された」と思い込んでいるふしがある。

介入したのは国連軍だが、金正恩氏にとっては「国連軍＝アメリカ軍」なのだろう。

アメリカが、第二次世界大戦後、数々の軍事介入を行ってきたことは前述したとおりだ。1950年代の朝鮮戦争、1960年代のベトナム戦争、1970年代はカンボジア作戦とラオス内戦、1980年代にはニカラグア侵攻、グレナダ侵攻、パナマ侵攻、1990年代は湾岸戦争、2000年代になるとアフガニスタン戦争、イラク戦争。これらのアメリカとの紛争で、核兵器を持っていなかった国は、いずれもボコボコに叩きのめされている。

アメリカが核兵器保有国に対して戦争を仕掛けていないことは事実であるため、金正恩氏は、しゃにむに、核開発を進めているに違いない。

本来であれば、北朝鮮の暴走を止める義務があるのは中国だ。

ところが、中国は2月のミサイル発射で、北朝鮮を本気で止めようとはしなかった。形式的に、中国の外交官僚である武大偉・朝鮮半島問題特別代表が訪朝したものの、それは国際社会へのアリバイ作りに他ならなかった。

いずれにしろ、北朝鮮に対しては相当の制裁措置が下されるはずだが、おそらく中国はそれもつぶそうと画策するだろう。中国にとっては、制裁措置によって北朝鮮が崩壊することは得策ではない。しかも、中国の南シナ海への進出から世界の目をそらす意味でも、北朝鮮の暴走は中国の利益にもなっている。

北朝鮮は、国連制裁をこれまで4回も受けている。1月の核実験、2月のミサイル発射を考慮して、もし追加の国連制裁を受けた場合、事実上は6回の制裁と考えていいだろう。これは、7回も国連制裁を受け、結果としてつぶされたイラク並みである。そうなると、朝鮮半島有事も充分に想定できるのだ。

もし朝鮮半島で有事が起きれば、韓国における在留邦人保護も大きな課題となる。韓国における在留邦人数は、現時点で4万人弱だ。

過去の邦人輸送の事例として、1994年、イエメンの内戦で96名の日本人観光客が孤立したとき、ドイツ、フランス、イタリアの軍隊が救助に当たった。2000年以降でも、総計で238名の日本人が11カ国の軍用機や艦船などで救出されてきた。「安保関連法は戦争法」と決めつける左派論者は、在日米軍基地の使用すら認めず、どのように在外邦人を保護するつもりなのだろうか。「安保関連法は戦争法」と叫ぶだけでは、リアルな危険には対応できるはずがない。

ちなみに、2015年の安保関連法では、自衛隊が邦人の輸送のみならず、警護や救出等を含む保護措置を実施することを可能とする項目も含まれている。

2015年11月、某テレビ番組で共産党の志位和夫委員長は、「北朝鮮、中国にリアルな危険があるのではなく、実際の危険は中東・アフリカにまで自衛隊が出ていき、一緒に戦争をやることにある」と述べたが、前述のように、リアルな危険は北朝鮮にも現に存在している。

朝鮮半島問題の専門家に言わせれば、現在の韓国・北朝鮮間の緊張はかつてないほど高まっているという。2016年2月11日に、韓国は北朝鮮との共同事業で運営してきた開城《ケソン》工業団地からの撤退を開始したが、これは、有事の際に韓国国民が捕虜になることを避けるためだという。

そうした中、ロシアが北方四島にミサイルを配備するという不穏なニュースも聞こえてくる。これには、北朝鮮の混乱に乗じて、プレゼンスの増大を図るロシアのプーチン大統領のしたたかな戦略も見え隠れする。紛争の臭いをかぎ取る嗅覚が、プーチン大統領にはあるのかもしれない。

話をトランプ氏に戻すと、彼は、「NATOや国連などの国際機関におけるアメリカの資金分担は不相応に多い」とし、「日本や韓国、サウジアラビアといった同盟諸国との関係についても、各国は応分の負担をしていない」と批判している。

図表28　同盟国による駐留米軍のコスト負担の割合

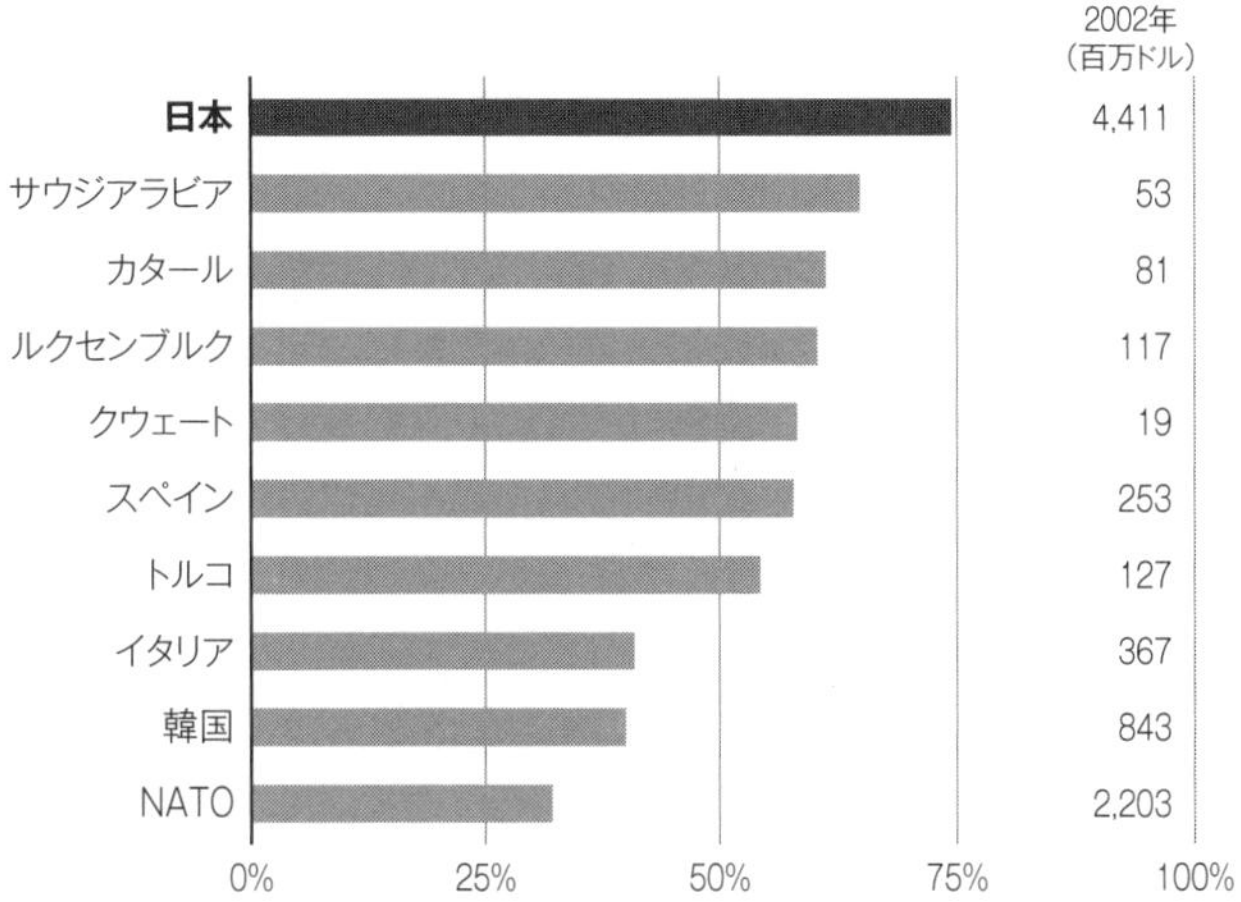

資料：Allied Contributions to the Common Defense 2003, the Secretary of Defense

そして日本に対して、「在日米軍の負担金の増額あるいは全額負担を要求し、できなければ撤退、最終的には、日本の核兵器保有を容認する」としている。

トランプ氏の発言はよく練られたものだと思うが、細かい事実はデタラメな点が多い。なぜなら、日本の負担が少ないというのは間違いだからだ。**図表28**は、アメリカ国防総省が公表していた「同盟国による駐留米軍のコスト負担の割合」である。

見れば、**日本は75%弱と最も負担しており、サウジアラビアは2位に入っている。**確かに、韓国の負担は低く、NATOも低いため、トランプ氏の発言のすべてがデタラメとも言い切れない（この資料は、2004年からは公表されていないようだ）。

トランプ氏が、各国に米軍駐留経費を全額負担せよと言うのであれば、日本駐留の米軍に対するメリットを伝えたうえで、「日本の負担率は世界最高水準である」ことを指摘し、「他の同盟国が日本並みの水準になったら、交渉に応じよう」とでも言ったらいい。

トランプ氏は、ビジネスの交渉スタイルを政治でも踏襲するつもりのようだから、日本は他国より有利に交渉を進められるだろう。

一方で、トランプ氏の発言は日本としては真剣に考えるべき課題も提供している。国防については、いろいろな立場や考え方がある。その一つに、「非武装中立論」というものがある。これは、軍備のいっさいを放棄して中立の立場に徹するという考え方だ。安全をどのように担保するかと言えば、国連などの場を通じた外交努力ということになるが、はっきり言って、現実的ではない。日本では、この「非武装中立」のような、いわゆる「お花畑論」を唱える人はいまだに多い。

「非武装中立」は論外として、軍事防衛を考える際には、「他国との共同防衛」、あるいは「自主防衛」という選択肢がある。前者は、日米同盟を考えると現状に近い。もし日本が後者を選択するとすれば、日本の軍事力だけで他の大国と対等に渡り合うことは困難なため、いずれは核兵器の保有を視野に入れなければならなくなる。この点については、トランプ氏が言うとおりだ。

しかし、戦争リスクと防衛コストの問題を踏まえれば、現実問題としては日米安保（共同防衛）を選択せざるを得ないことはすでに述べたとおりだ。

そのため、日米安保を維持する立場を取るのが常識だが、トランプ氏のように日本に負担増を求めてきたとき、集団的自衛権を認めるか否かで、その後の日米交渉の帰趨は大きく変わってくる。集団的自衛権の容認は、アメリカ側にもメリットが生じる。したがって、日本側の負担は低く抑えられるだろう。

米軍が日本から撤退すれば、日本の核保有が現実味を帯びる

一方、集団的自衛権を容認しなかった場合、トランプ氏の要望どおり、日本側の負担が際限なく大きくなるか、あるいは、アメリカ軍が日本から撤退するかのどちらかの事態になる。そうなれば、日本は「自主防衛」を選択せざるを得ないだろう。つまり、集団的自衛権の否定は、必然的に自主防衛→核保有の流れを作ってしまうことになるのだ。

客観的に見ても、日本の周辺は相当に緊迫した情勢だ。にもかかわらず、日本だけが平

和ボケしている。集団的自衛権（の限定行使）を容認する安保関連法案を「戦争法案」として廃案にしようと、野党は共闘している（自民党、公明党は決着済みとして今国会で審議しない方針だ。野党の中には表向き反対しつつも、本当は審議したくないという向きもあるようだ。北朝鮮情勢や、トランプ氏の発言があるので、審議したくないというのが本音だろうと邪推してしまう）。

野党をはじめとする集団的自衛権の否定論者は、トランプ氏の提案にどう応えるのだろうか。日米安保を破棄して「非武装中立」を目指す「お花畑論」なのか、それとも自主防衛を選んで核武装まで突っ走る気なのか、ぜひ聞いてみたいものである。

集団的自衛権を否定している国は日本以外にない

そもそもの話で言えば、**集団的自衛権を否定している国**（特に安全保障条約を他国と締結していればなおさらだ）**は、世界のどこを見渡しても存在しない**。あれば、教えてほしいくらいである。集団的自衛権は、それほど安全保障政策として理に適っているもので、前述したとおり、議論の対象にすらなっていないのだ。

日本のように、自衛権を「個別的」と「集団的」とに切り分け、「〝個別的〟は行使するが、〝集団的〟は行使しない」というロジックは、国際社会では笑いものになる。国際的な常識では、自衛権はどこの国の刑法にも定められている「正当防衛」とのアナロジーで語られているからだ。

では、日本の刑法はどうなっているのだろうか。刑法第36条第1項を見てみよう。そこには、こう記されている。

「急迫不正の侵害に対して、自己又は他人の権利を防衛するため、やむを得ずにした行為は、罰しない」

正当防衛の条文であるにもかかわらず、「他人の権利を防衛する」という文言が含まれていることに驚いた読者もいるかもしれない。しかし、これが社会の常識というものである。自分を取り巻く近しい友人や知人、同僚が「急迫不正の侵害」に遭っていたら、「できるかぎり助けてあげよう」と考えるのが人間の性である。そう考えない人は「非常識な人」とみなされ、世間から冷やかな目で見られるだけである。少なくとも、建前としてはそうだ。

もちろん、実際には、「他人」と「自己」との関係、本人にどこまで助ける能力があるかなどによって、助けられる場合とそうでない場合があることは確かだ。

国際社会の論理も、これとほとんど同じである。日本の刑法第36条第1項の文言にある「自己」「他人」をそれぞれ「自国」「他国」に置き換えると、「急迫不正の侵害に対して、自国又は他国の権利を防衛するため、やむを得ずにした行為は、罰しない」となり、そのまま自衛の解釈として成立することがわかるだろう。ちなみに、英語では、**自衛も正当防衛もまったく同じ"self-defense"である。**

正当防衛をめぐる条文は、どの国でも「自己および他人」への適用が原則になっており、「自己および他人」はセットである。したがって自衛権の定義において「個別的か」「集団的か」という問いは、そもそも国際的には通じないのだ。

「日本さえ安泰ならいい」では世界に見捨てられる

ある日の朝日新聞の社説には、日本近海でのアメリカ艦船の防護を例に挙げて、「個別的自衛権や警察権で対応できる」「ことさら集団的自衛権という憲法の問題にしなくても、解決できるということだ」と述べられていた。この「個別的自衛権で対応できる」という主張は、他国が攻撃された場合に、自国が攻撃されたとみなして個別的自衛権で対応できるため、集団的自衛権はそもそも不要という意味だ。

いかにももっともらしく聞こえるが、この論理は国際社会では通じない。なぜなら、正当防衛でも、「他人」の権利侵害を、「自己」の権利侵害とみなすと定義するからだ。つまり、他国への攻撃を自国に対するものとみなして反撃することを集団的自衛権と定義するため、朝日新聞の社説は英訳すれば、集団的自衛権の必要性を認めていることになってしまう。

そのうえで、「だから集団的自衛権は認められない」と明記すれば、「私は自分の身しか守らない。隣人が暴力を振るわれていようと、見て見ぬふりをして放置します」と天下に宣言していることと同じになる。

いくら自分勝手な人間でも、世間の手前、そのような発言は（心の中で思っていたとしても）表立っては控えるのが常識というものだろう。世間知らずの子どもでも、そんなことは言わないはずだ。戦後の日本政府が、朝日新聞の社説と同じ態度を海外に示し続けていたと思うと、日本国憲法前文に記されている「国際社会において、名誉ある地位を占めたいと思ふ」という条文を恥ずかしく思うのは、おそらく筆者だけではないはずだ。

ついでに言えば、憲法前文には「いづれの国家も、自国のことのみに専念して他国を無視してはならない」とも書かれている。

個別的自衛権のみを主張するのは、この理念にも大きく反している。

もちろん正当防衛と同じように、国際法の中では自衛権の行使に際して「歯止め」となる条件が存在する。正当防衛なら、何をやっても構わないというわけではないのだ。

その防衛行為がやむを得ないと主張するためには、正当防衛の条文が示している「緊急性」があることに加えて、「必要性」と同時に、限度内のものである「相当性」が求められている。防衛の範囲を超えた攻撃、すなわち「過剰防衛」になってはならない。

さらに、他国の「要請」があることが条件となる。襲われている人が隣人の助けを拒否するとは考えにくいが、それでも必要最低限度の行使に抑えなければならない。

こうした国際常識を無視して、長い間、「憲法の制約から集団的自衛権行使を容認しない」という憲法解釈が存在してきたこと自体が、筆者にとっては驚きである。

平和憲法を持っている国でも、実は戦争をしている

マスコミや識者の多くは、集団的自衛権を批判する際に、「憲法第9条の制約で、集団

的自衛権の行使は認められない」という主張を繰り返していた。

ところが、実は日本の憲法第9条のような規定は、世界で特に珍しいものではないのである。

アジアで言えば、韓国やフィリピンの憲法にも戦争否定の規定がある。ヨーロッパで言えば、イタリアやドイツの憲法にも戦争否定の規定が設けられている。

ところが、これらの国に「集団的自衛権がない」という話は一度も聞いたことがない。いずれの国も、日本を含めて、どこも日米間で結ばれているものと似た安全保障条約を結んでいるが、日本以外の国はすべて、集団的自衛権の行使が前提になっている。

日本、韓国、フィリピンそれぞれの憲法における戦争放棄の規定と、アメリカとの安全保障条約を比較したものが**図表29**だ。

見ればわかるが、日本、韓国、フィリピンともに似たような戦争放棄の規定になっており、アメリカとの安全保障条約の内容も似ている。日米安保条約の前文には「両国が国際連合憲章に定める個別的又は集団的自衛の固有の権利を有していることを確認」とあるように、集団的自衛権があることを前提として書かれている。

ただし、どの国でも「自国の憲法上の手続」に従うことが明記されているが、**日本だけ**

図表29 日本、韓国、フィリピンの憲法・安全保障条約を比較すると……

	憲法	米国との安全保障条約
日本	第9条 ① 日本国民は、正義と秩序を基調とする国際平和を誠実に希求し、国権の発動たる戦争と、武力による威嚇又は武力の行使は、国際紛争を解決する手段としては、永久にこれを放棄する。 ② 前項の目的を達するため、陸海空軍その他の戦力は、これを保持しない。国の交戦権は、これを認めない。	**日米安全保障条約** 第5条 各締約国は、日本国の施政の下にある領域における、いずれか一方に対する武力攻撃が自国の平和及び安全を危うくするものであることを認め、自国の憲法上の規定及び手続に従って共通の危険に対処するように行動することを宣言する。
韓国	第5条 ① 大韓民国は、国際平和の維持に努力し、侵略的戦争を否認する。 ② 国軍は、国の安全保障と国土防衛の神聖な義務を遂行することを使命とし、その政治的中立性は遵守される。	**米韓相互防衛条約** 第3条 各締約国は、現在それぞれの行政的管理の下にある領域又はいずれか一方の締約国が他方の締約国の行政的管理の下に適法に置かれることになつたものと今後認める領域における、いずれかの締約国に対する太平洋地域における武力攻撃が自国の平和及び安全を危うくするものであることを認め、自国の憲法上の手続に従つて共通の危険に対処するように行動することを宣言する。
フィリピン	第2条 ② フィリピンは国家政策の手段としての戦争を放棄し、そして一般に認められた国際法の原則を我が国の法の一部分として採用し、すべての諸国との平和、平等、正義、自由、協力、そして友好を政策として堅持する。	**米比相互防衛条約** 第4条 各締約国は、太平洋地域におけるいずれか一方の締約国に対する武力攻撃が、自国の平和及び安全を危うくするものであることを認め、自国の憲法上の手続に従つて共通の危険に対処するように行動することを宣言する。

資料：https://www.constituteproject.org/
http://www.ioc.u-tokyo.ac.jp/~worldjpn/

図表30 ドイツ・イタリアの憲法・安全保障条約を比較すると……

	憲法	安全保障条約（北大西洋条約）
ドイツ	第26条 ① 諸国民の平和共存を阻害するおそれがあり、かつこのような意図でなされた行為、とくに侵略戦争の遂行を準備する行為は、違憲である。これらの行為は処罰される。 ② 戦争遂行のための武器は、連邦政府の許可があるときにのみ、製造し、運搬し、および取引することができる。詳細は、連邦法律で定める。	第5条 締約国は、ヨーロッパ又は北アメリカにおける一又は二以上の締約国に対する武力攻撃を全締約国に対する攻撃とみなすことに同意する。したがつて、締約国は、そのような武力攻撃が行われたときは、各締約国が、国際連合憲章第51条の規定によつて認められている個別的又は集団的自衛権を行使して、北大西洋地域の安全を回復し及び維持するためにその必要と認める行動（兵力の使用を含む。）を個別的に及び他の締約国と共同して直ちに執ることにより、その攻撃を受けた締約国を援助することに同意する。
イタリア	第11条 イタリアは他の人民の自由を侵害する方法としての戦争を否認する。 イタリアは、他国と等しい条件の下で、各国の間に平和と正義を確保する制度に必要な主権の制限に同意する。イタリアは、この目的をめざす国際組織を促進し、支援する。	

資料：https://www.constituteproject.org/
http://www.ioc.u-tokyo.ac.jp/~worldjpn/

が、「集団的自衛権は有しているが、憲法の制約によって行使することはできない」と国内で言い続けてきた。これは、国際社会ではとても考えられないことだ。もちろん、日本と似たような憲法を持つ韓国やフィリピンにそのような議論はない。マスコミ等が主張する「他国の戦争に日本が巻き込まれる」論は、国際的に何が起きても、日本だけは「見て見ぬふりをする」と公言していることになるということがわかっていない。

また、ドイツやイタリアなど

にも戦争放棄の規定がある。**図表30**がそれをまとめたものだ。

ドイツ、イタリアについても、集団的自衛権を行使できないという話は聞いたことがない。もし行使できないことになれば、それは、親密な関係の「他人（他国）」のために正当防衛を行使しないことを意味し、そんなことを公言すれば、「まともな人（国）」として扱われなくなるからだ。

願うだけで平和が実現できるなら、世界はとっくに平和になっている

太平洋戦争の終結以降、日本はなぜ70年以上も平和でい続けられたのか。

第2部の冒頭でも触れたが、それは戦争の放棄を謳った「憲法9条」が存在したからではない。「憲法9条があれば平和が守られる」という考えは、祈りにも似た願望にすぎないのである。

日本が平和を維持できたのは、アメリカとの同盟を主軸とする「国際平和の5要件」を満たしていたからだ。近年の安全保障環境の変化により、その「国際平和の5要件」をより高いレベルで機能させる必要が生じたため、第二次安倍政権は、安保関連法を成立させることによって集団的自衛権の限定行使を可能にした。

これまでに繰り返し述べてきたように、**集団的自衛権の行使容認は、アメリカとの同盟関係の強化をもたらし、日本の戦争リスクを下げることにつながる**のである。

集団的自衛権は、同盟関係と一体不可分のものだ。世界では、集団的自衛権なしの同盟関係はあり得ない。その意味で、もし集団的自衛権の行使を認めなかったら、日本はいずれ日米同盟を解消される恐れもある。

安保関連法の成立を世界の視点で見れば、これまで同盟関係がありながら集団的自衛権の行使を認めなかった「非常識」を、世界の「常識」に則《のっと》るようにしたという程度の意味である。そう考えれば、「安保関連法で日本が戦争をする国になる」などといった主張が単なる感情論にすぎないことがわかるだろう。実際、国際関係論の数量分析でも、**同盟関係の強化が戦争のリスクを減らすことは実証されている**のである。

安全保障を議論するときはいつもそうだが、左派系が展開する議論はリアルではなく、非現実的かつ極端なものばかりだ。

安保関連法案が国会で審議されている最中、衆議院憲法審査会において、3人の憲法学者が「安保関連法案は憲法違反」と指摘して話題になったことがある。聞けば、95%の憲法学者が集団的自衛権の行使容認を違憲だと考えているという。

一般論として、憲法学者を含む法律学者は、「法律にこう書いてあるから○○だ」「この法律はこう解釈すべきだから××だ」という論法を取る人たちの集団で、既存の法律や法解釈を金科玉条のように扱うため、法改正や解釈変更には消極的なことがしばしばある。

それには、法律の世界では一定の権威がある人物の意見が尊重されやすいうえ、多数派の考えのほうがよりマシとされることが多いことも影響している。

いくら法律と言っても一般常識から大きくかけ離れることは考えられないため、多数派の意見が採用されやすいことは筆者も理解できる。

しかし、純粋な学問の世界では、「多数意見」は権威でも何でもない。学問の世界においては、多数派の意見が必ずしも正しいとは限らないのだ。そのことは、17世紀のヨーロッパで繰り広げられた「天動説」と「地動説」をめぐる論争を見ればわかる。

当時、「太陽が地球の周りを回っている」とする「天動説」を誰もが信じていた。天文学者のガリレオ・ガリレイはそれに異を唱え、「地球が太陽の周りを回っている」という「地動説」を主張した。当時の学界では、「天動説」が典型的な多数派で、ガリレオの「地動説」は少数派だった。結果、どちらが正しかったかと言えば、皆さんもご存じのとおりである。ガリレオの話は極端なケースかもしれないが、たとえば、アベノミクスの金融政策にも同じことが言える。当初、学者の多くが金融緩和政策に懐疑的だったのだ。

いずれにしろ、筆者が言いたいのは、学問に「王道」は存在しないということである。たとえば、筆者が学生時代に学んでいた数学では、ロジックだけが唯一の判断基準になる。どれほど権威のある人でも間違えるときは間違えるし、間違っていれば厳しく批判されて権威が失墜するのが普通である。

権威のある憲法学者が、「安保法制は憲法違反である」とありがたい訓示を垂れるときのロジックは、「立憲主義」と呼ばれるものだ。立憲主義とは、国家権力はあらかじめ定められた憲法の枠内で行使されなければならないという思想である。

国家権力は憲法によって権限が与えられるため、当然のことながら権力の行使は憲法によって制限され、政治権力がその目的に反することは憲法によって禁止されている。

集団的自衛権に関しては、保有はするが、その行使は平和憲法の制約により許されないとされてきたが、この大原則を一内閣の判断で変更することは「権力者が憲法の根幹を破壊する行為」になり、すなわち立憲主義に反する行為だ、と憲法学者たちは言っているわけだ。

筆者も立憲主義を否定するつもりはないが、**現実の世界が大きく変わろうとしていると**

きに、その対処に必要なことを現行法の枠の中でできるように工夫するのが、政治家の重要な仕事だと考えている。第二次安倍政権が行った集団的自衛権の限定行使容認は、まさにそれに該当すると言っていいだろう。

そもそも立憲主義を金科玉条とする権威ある先生方は、南シナ海の情勢や尖閣諸島への中国の潜在的な侵略の脅威、朝鮮半島有事の可能性をまったく考えていない。

さすがに「どうでもいい」と思っているわけではないだろうが、基本的に、国際関係など彼らの眼中になく、いつも同じ主張を繰り返すばかりだ。これは学者としてはラクで楽しい話かもしれないが、実際には役に立たない「畳の上の水練」のような代物だ。

世界が大きく変わりつつあるときに、日本でしか通用しない「立憲主義」を振りかざす行為は、国益を損なうことにつながる。

学者は、何も憲法学者だけではない。世の中には無数の学問分野があるが、戦争について専門的に研究しているのは「国際関係論（国際関係学）」だ。国際関係論を専門とする学者に聞いてみるといい。いささか逆説的になるが、95％（皮肉のつもりである）の国際関係論を専門とする学者は、集団的自衛権の行使容認を肯定するはずである。

有史以来、この地球に生を享けた人々の99・9９％以上は、おそらく「世界が平和であってほしい」と願っていたに違いない。立場は違うが、集団的自衛権の行使容認に反対していたマスコミや左派系識者、憲法学者も平和への願いは同じはずだ。

しかし悲しいかな、そうした多くの人々の願いは叶わず、過去数千年間、世界から戦争が消えることはなかった。もし願うだけで実現できるなら、世界はとっくに平和になっていたはずだ。現実はそうなっていないことを、私たちは強く肝に銘じておかなければならない。

平和は「願う」ことで実現するのではなく、「行動」することで実現するのだ。

本書は「現代ビジネス」の「髙橋洋一　ニュースの深層」、「ＤＩＡＭＯＮＤ　ｏｎｌｉｎｅ」の「髙橋洋一の俗論を撃つ！」のコラムを加筆修正し、新たに書き下ろしを加えたものです。

装丁／萩原弦一郎（ISSHIKI）
構成／陶木友治
DTP・図版／美創

〈著者プロフィール〉
髙橋洋一（たかはし・よういち）
嘉悦大学ビジネス創造学部教授、株式会社政策工房代表取締役会長。経済学者。1955年東京都生まれ。東京大学理学部数学科・経済学部経済学科卒業。博士（政策研究）。1980年に大蔵省（現・財務省）入省。大蔵省理財局資金企画室長、プリンストン大学客員研究員、内閣府参事官（経済財政諮問会議特命室）、内閣参事官（首相官邸）等を歴任。小泉内閣・第一次安倍内閣ではブレーンとして活躍し、数々の政策を提案・実現。2008年退官。

日本はこの先どうなるのか
2016年 8 月10日　第1刷発行
2016年10月30日　第3刷発行

著　者　髙橋洋一
発行人　見城 徹
編集人　福島広司

GENTOSHA

発行所　株式会社 幻冬舎
〒151-0051　東京都渋谷区千駄ヶ谷4-9-7
電話　03(5411)6211(編集)
03(5411)6222(営業)
振替　00120-8-767643
印刷・製本所　株式会社 光邦

検印廃止

Printed in Japan
ISBN978-4-344-02975-0　C0095
幻冬舎ホームページアドレス　http://www.gentosha.co.jp/

この本に関するご意見・ご感想をメールでお寄せいただく場合は、
comment@gentosha.co.jpまで。